果壳
科技有意思

给少年的科学书

果壳|编著　张军|审

炫丽啊化学

人民邮电出版社
北京

图书在版编目（CIP）数据

给少年的科学书. 炫丽啊化学 / 果壳编著. -- 北京：
人民邮电出版社，2022.5（2023.11重印）
ISBN 978-7-115-56879-3

Ⅰ. ①给… Ⅱ. ①果… Ⅲ. ①科学知识－青少年读物
②化学－青少年读物 Ⅳ. ①Z228.1②O6-49

中国版本图书馆CIP数据核字（2021）第133038号

◆ 编　　著　果　壳
　　审　　　　张　军
　　责任编辑　胡玉婷
　　责任印制　陈　犇
◆ 人民邮电出版社出版发行　　北京市丰台区成寿寺路 11 号
　　邮编　100164　　电子邮件　315@ptpress.com.cn
　　网址　https://www.ptpress.com.cn
　　临西县阅读时光印刷有限公司印刷
◆ 开本：700×1000　1/16
　　印张：10　　　　　　　　　　2022 年 5 月第 1 版
　　字数：139 千字　　　　　　　2023 年 11 月河北第 13 次印刷

定价：59.80 元

读者服务热线：(010)81055493　印装质量热线：(010)81055316
反盗版热线：(010)81055315
广告经营许可证：京东市监广登字 20170147 号

内容提要

　　本系列丛书是国内知名的科学文化品牌果壳为青少年编写的学科科普读物，精选有趣又有料的科学话题，旨在通过科普阅读的形式拓展青少年的知识面，全系列分为数学、物理、化学、生物、地理5个分册。本书为化学分册，介绍了化学实验基本方法、食品工业、溶剂与溶质、金属及其化合物、分子和原子等内容，书中以阅读笔记的形式，对专业名词做了精确注释，还做了知识点总结，与误标知识点相关联。本书不仅讲解了化学学科知识，更着重于介绍化学知识点在生产和生活中的实际运用，非常适合青少年读者阅读。

序

"即使我身陷果壳之中，仍自以为是无限宇宙之王。"

这是《哈姆雷特》中的一句台词，也是霍金的著作《果壳中的宇宙》名字的由来。果壳网的名字就来源于此，寓意谁都无法阻挡我们对于世界的好奇、探求真知的渴望。

少年阶段，是一个人一生中好奇心最旺盛的阶段。

可是，当下的少年，有学不完的课程和做不完的作业。我们周围有很多这样的少年。回想30年前，我们和大家一样也是少年。30年前的家长和老师，一样整天教导、督促、念叨着：只有刻苦学习才能考出好成绩，才能进入好大学，才能找到好工作……

30年的时间很长，中国的许多城市已经换了新的面貌；30年的时间也很短，中学生学习的知识似乎没有太大的改变。

我们觉得，果壳应该为少年做点什么。

于是，在几年前，我们和来自全国各地的上百个少年一起打造了"果壳少年"项目，由少年来出主意、审稿子，"果壳少年"的编辑们按照中学课本的学习进度，来组织编写文章。比如，学生们学习浮力，我们就讲自然界中的植物如何利用浮力漂洋过海传播种子；学生们学习酸碱度，我们就讲为什么胃酸没有把胃腐蚀掉……目的是打通课本知识、科学前沿和现实生活之间的界限，帮助少年们开阔视野，让孩子们知道书本里的知识并不只是干巴巴的一道道题，而是既能"高大上"，又能"接地气"。

如今，当年那些和我们一起编稿子的优秀少年们，很多已经考上了心目中理想的大学。但是这些曾经帮助过他们的文章，应该被传递下去。

于是，从这些文章中，"果壳少年"团队精心挑选了174篇，重新编写、配图、设计、排版，以更适合青少年阅读的方式集结成书。它们是"果壳少年"团队、科学作者群、少年编委群、教研老师群共同努力的缩影和精华所在。

希望通过图书出版的方式，"果壳少年"的接力棒可以交到更多的少年手中。

多年来，果壳一直致力于"让科学流行起来"，今天果壳《给少年的科学书》要"让学习快乐起来"。

少年说

写给少年的书，让少年自己选择
特别感谢来自五湖四海、天南海北的少年编委团

我们这些少年编委是作为科学爱好者聚在一起的，平时讨论的内容也与科学相关。这种思维的碰撞，知识的交流，对我而言大有裨益——既能拓宽视野，又能增长见识，而且可以帮助我坚持对科学的爱好，长存好奇心。

——陕西科技大学 大一 杨若朴

曾就读于西安市西光中学

作为"果壳少年"编委，我有幸参与了科普文章的创作，见证了一篇篇文章的诞生。这些科普文章对我的影响是潜移默化的。高三时的生物考卷有很多大题是以一些前沿研究为背景的，还会有一道专门的科普阅读题。这时我才意识到，当时看过的那些文章在不知不觉中让我了解了很多科学知识，也让我具备了快速提取信息的能力。

——宁波诺丁汉大学 大一 厉佳宁

曾就读于北京师范大学附属中学

通过参加"果壳少年"编委的活动，我才发现，相比研究我更喜欢传播知识，并且越来越明确以后想从事教师之类的工作。无论是课间跟同学讲题，还是单纯科普一些新奇知识，我都能感觉到欣喜。这段经历对我来说是一种启蒙，尤其是在最后的夏令营中的经历如今依然在深深影响着我。

——天津市第四十七中学 高三 赵祥宇

曾就读于北京景山学校远洋分校

作为一个在三四线小城市长大的孩子，在参与"果壳少年"科普工作的过程中，我近距离地感受到了大城市孩子灵动的思想！这极大地触动了我，也激励了我去做一些事情拓展自己的眼界，比如广泛的阅读。

——广东海洋大学 大一 车诗琳

曾就读于广东高州中学

主编说

这是果壳献给少年的一份大礼

很多人说，做科普的果壳一直有"好为人师"的情怀，大家也天然觉得，果壳积累了这么多年，应该有很多适合少年看的内容吧？

但是，真正开始做"果壳少年"这个项目，我们比做其他任何一个项目都更慎重。我们反复提出策划案，反复否定，终于在2017年年底，成立了项目组。

说实话，我们怀着忐忑的心情开始做第一轮调研——和中学老师交流需求。当时，我们特别怕碰一鼻子灰，担心如果老师觉得我们的工作没有必要该怎么办。幸运的是，在调研阶段和老师们的讨论，极大地鼓舞了项目组成员。当时还在北京市第四中学任教的朱岩老师，舍弃了午休时间和我们相会在学校门口的咖啡馆。他说，果壳应该做一些学校老师没精力弄的事情。他认为，在中学阶段扩展视野，对孩子来说太重要了。

之后，我们还和中国人民大学附属中学的初中物理组老师开会讨论了中学生究竟需要什么样的文章。老师们听说果壳要专门给中学生做科普文章，都非常支持。因为老师们平时也需要想尽办法寻找各种素材，来帮助学生了解课本中的知识在真实生活中的应用,如果果壳能利用自己在科研圈和科普圈的作者和专家资源来做一些知识应用的整理,就能让教学如虎添翼。

于是,我们据此确定了自己的定位,参照初中的课标定主题。这样一来,同学们白天学到了什么知识点,晚上就能看到与之对应的科普文章。

这里汇集了一批最好的学者和科普达人

在这样的愿景下,我们在果壳内外挑选了最严谨、最专业、最适合做少年项目的科学编辑,在一个月内迅速搭建了团队,组成了一个小小的内容突击队。

组稿过程中,我印象最深刻的是策划期的打磨。

给中学生看的文章,需要格外谨慎,这是毋庸置疑的,也是果壳做内容一贯秉承的原则。但我们不知道,现在孩子们的阅读习惯和偏好是什么样的。我们只是模糊地觉得,文章不能太长、太晦涩,不然,作为课外读物就非常不合适了。

为了"迎合"他们的"口味",我们做了很多样稿,甚至尝试了一些网络文章流行的写法。但最后,我们还是否定了这些自作聪明的尝试,大家一致认为,给中学生看的应该是优质的内容和规范的文字。我们应该自己先判断出什么样的内容是优质的,这样才能让少年们知道好文章应该是什么样子的。

第一批作者是果壳作者中写作能力公认最好的学者和科普达人,有叶盛、云无心、王永亭、朱岩等。值得一提的是,我们还约了几位学生一起来创作。后来,一位学生撰写的演化相关的文章,成了"果壳少年"发布的第一篇文章。我们想要表达的是:"果壳少年"的内容是为了少年的真实需求而创作的。

这里有百里挑一的少年编委

为了更贴近中学生的阅读能力,我们的每一篇文章,都是由十几个中学生审读过的。这批由中学生组成的少年团,叫作少年编委。邀请少年编委加入的目的是,避免中学生看不懂书中的文章或者对文章内容不感兴趣。果壳微信公众号每次发出少年编委的招募通知,都收到来自全国各地的几百份申请,我们并不要求少年编委是学霸,而是要求他们有广泛的阅读,有自己的爱好,并且愿意积极参与项目,毕竟在繁重的学习中,还需要每天看3~5篇文章,这是个不小的工作量。

令我们欣慰的是,少年编委的经历,让很多孩子发现了自己的兴趣点,甚至影响了他们的大学专业选择和未来职业规划。

如今,这些精心创作的文章即将出版,如果它们能够陪伴一代又一代的青少年快乐学习、快乐成长,我想,这可能是所有参与创作的作者、编辑、老师和少年编委都希望看到的事。

刘旸

如何使用这套书

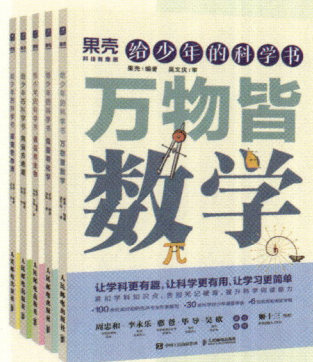

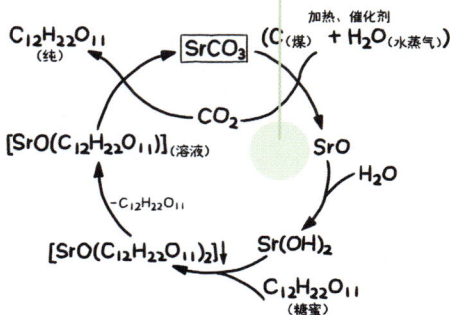

果壳科技有限公司
给少年的科学书

万物皆数学

让学科更有趣，让科学更有用，让学习更简单

本系列书共有5册，包含174篇文章，内容涉及数学、物理、化学、地理、生物。书中的每篇文章都从中学课本的知识点出发，挑选有趣的话题和角度撰写，并配合知识点的详解和剖析，拉近课本知识和日常生活、科学前沿的距离。这套书能帮助你充分理解和熟练掌握课本知识。

金属有故事

$$C_{12}H_{22}O_{11}\ (纯) \longrightarrow SrCO_3 \qquad C\ (煤) + H_2O\ (水蒸气) \xrightarrow{加热、催化剂}$$

$$\longrightarrow CO_2$$

$$[SrO(C_{12}H_{22}O_{11})]\ (溶液) \qquad SrO$$

$$\longrightarrow H_2O$$

$$-C_{12}H_{22}O_{11}$$

$$[SrO(C_{12}H_{22}O_{11})_2]\downarrow \qquad Sr(OH)_2$$

$$C_{12}H_{22}O_{11}\ (糖蜜)$$

锶法制糖流程图
氧化锶与蔗糖能以不同配比结合成多种化合物，图中仅表示了1:2结合后的流程。

1849年，法国化学家首先注册了锶法制糖的专利。这项工艺在1869年被带入德国，之后被德国化学家卡尔·谢布勒改良。碳酸锶矿石在存在水蒸气的环境下煅烧后可以获得氢氧化锶。将氢氧化锶加入接近沸腾的糖蜜里，它就会和蔗糖反应生成难溶于水的蔗糖酸锶。虽然难溶于水，但是蔗糖酸锶可以溶解在氢氧化锶溶液里。再将二氧化碳通入其中，就可以还原成蔗糖溶液和碳酸锶沉淀。这样，在提取蔗糖的同时，大部分锶仍然可以循环使用。

对大多数糖厂来说，这项工艺不甚划算，**还不如把糖蜜直接拿去当饲料或是酿酒**。不过，德国本身有丰富的锶矿，因此谢布勒强烈推荐糖厂使用这项技术增加糖的产量。在第一次世界大战之前，甜菜制糖每年会使用10万~15万吨氢氧化锶。直到20世纪初，这项工艺仍在使用，不过用的是更廉价易得的钙而不是锶。

糖蜜是制作朗姆酒的主要原料。

正文

在阅读文章的过程中，你就会发现课本里的知识不再是冷冰冰的一道道题，比如学习摩擦力，你可以从沙堆、混凝土大坝，甚至指纹里找答案；学习排列组合，你可以在宿舍中找例子；学习季风，你可以和诸葛亮、曹操"聊聊天"……其实课本知识就在身边！

是不是跟你想的不太一样……没错，这勺沥青一样黏乎乎的黏稠液体就是糖蜜了。

锶的另一种常见的用途是制造烟花，烟花绚丽的色彩主要利用了金属的**焰色反应**。当金属及其盐类燃烧时，原子中的电子吸收了能量，会由能量较低的轨道跃迁到能量较高的轨道上，但是这些电子并不稳定，很快就会以光子的形式辐射出来。由

焰色反应是因为原子中电子能量的改变而产生的，它是一种物理变化。

于它们的能量变化各不相同，所以不同金属燃烧时发出的光的颜色也各不相同。例如铜元素燃烧是绿色的，钠元素燃烧是黄色的，铯元素燃烧是浅紫色的，而红色的烟花，则是放入了锶盐之后的结果。

随着科技的发展，锶的用途也在不断变更，只有制作烟花这一用途从古至今一直没变，它鲜红的焰色反应在夜空中一直都格外动人。

知识点

很多金属或它们的化合物在灼烧时都会使火焰发出特殊的颜色，这在化学上被称作焰色反应。

69

11

目录

化学四大门派的开山鼻祖

■ 温凉

提到化学实验，就不得不说说那些实验里使用的各种各样的瓶瓶罐罐。曾经有位化学界的"强迫症"泰斗约恩斯·贝尔塞柳斯，因为玻璃烧瓶不合心意——不够圆，就愤然找玻璃工学习玻璃制造和焊接技艺，为世界各地的实验室提供了标准的实验器材。

贝尔塞柳斯老爷子的经历绝非偶然，在实验器材标准化之前，玻璃仪器全靠自己烧制，也不知诞生了多少"放飞自我"的产品。在本文中，我们就来聊聊那些奇形怪状却在化学发展史中扮演了重要角色的实验仪器。这些仪器分别开创了后世的四个化学门派——无机化学、有机化学、物理化学和**分析化学**（注：人们常说的"四大化学"中，也会把物理化学替换为电化学）。

> 分析化学的主要任务就是鉴定物质的化学组成。

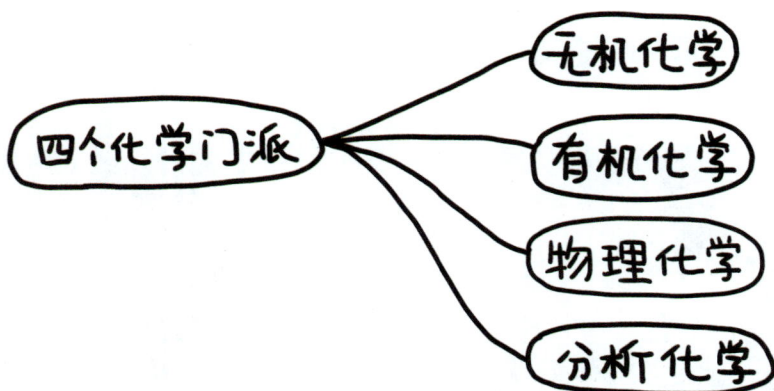

四个化学门派
- 无机化学
- 有机化学
- 物理化学
- 分析化学

真空泵与无机化学

马德堡市长格里克在1650年发明了活塞式真空泵,利用真空泵完成了许多关于真空和大气压的实验,特别是1654年的"马德堡半球实验",证明了大气压的存在。1660年,玻意耳在格里克真空泵的基础上进行了改进,使其更适合观察真空中的实验。

玻意耳用真空泵开展了一系列的实验,并证实了空气在燃烧中的作用。也正是利用真空泵,**拉瓦锡等科学家展开了对燃烧本质的研究**,引发了著名的化学革命,让化学从古典玄学"炼金术"翻身成为近代科学,也成功踏出了无机化学研究的第一步。

玻意耳真空泵。

拉瓦锡认为,燃烧是物质与氧气的剧烈作用,而不是取决于物质燃素的外逸。

伏打电堆与物理化学

虽然格里克早在1660年就发明了第一台"摩擦起电机"，但是这个原始的仪器能够提供的电少得可怜。直到1800年伏打发明了"伏打电堆"，人们才成功接触到了电流。从此"电"就脱离了静电的范畴，并且促进了"电化学"的迅速发展。今天，这个装置已变成各种各样的电池，从实验室走向千家万户。

伏打电堆（原始装置复原图）。

上层和下层分别是锌和铜，中间层是含有盐水的纸板。

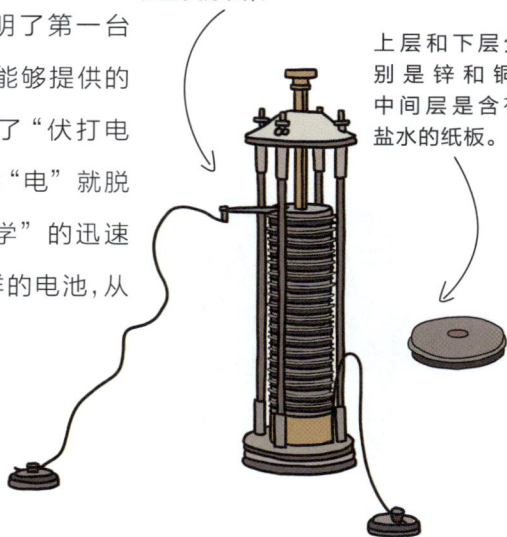

五球瓶与有机化学

在有机物的测定中，最基本的是碳元素含量的测定。碳元素测定的方法之一是燃烧有机物，通过分析产生的二氧化碳来测定碳元素的含量。**燃烧有机物，分析产生的二氧化碳是人们使用至今的一种碳元素测定办法**。早期的化学家们苦于无法准确收集气体、测量气压、计算体积，直到李比希"五球瓶"（钾碱球，Kaliapparat）的出现，才成功解决了这些问题。

这背后的原理是元素守恒定律。

五球瓶中的氢氧化钾溶液，可以吸收有机物燃烧之后放出的二氧化碳，装置中增加的质量就等于二氧化碳的质量。相比于测量二氧化碳的体积来说，这种方法不仅方便，而且更准确，因此迅速得到普及，并推动了分析化学、有机化学的发展。

李比希用于测量有机物碳含量的元素分析实验装置。

五球瓶同时解决了验漏、**气体倒吸**等问题，给了化学家们一双精准定量的"巧手"，从此化学实验脱离了"高冷"的范畴，初学者稍作培训即可完成，这一模式仍旧是当今科学实验室的典范。我们不得不为李比希的奇思妙想点个赞。

基尔霍夫光谱仪与分析化学

1666年，著名的物理学家牛顿通过三棱镜将白光分成了"彩虹"。继牛顿之后，基尔霍夫使用同样的三棱镜，将来自于不同化学元素的光分开，给了化学家能够直接看到化学元素的慧眼。

在高温、低亮度的**本生灯**的帮助下，被测物质灼烧后的光通过三棱镜被分成具有独特颜色的亮线，这就是现在人们常说的光谱。在这个原理的帮助下，分析化学家能够更加方便地发现新元素，并且能够检测到极少量元素。

基尔霍夫光谱仪（原始装置复原图）。

当然，在化学从古代蒙昧的"炼金""炼丹"走向现代科学的路途中，无论是这"四大仪器"，还是平凡的试管、烧杯、漏斗等，都扮演了重要的角色。科研工作者凭借智慧和努力，为探索这个世界的真相做出了卓越的贡献，推动了人类社会的发展。

知识点

化学是一门以实验为基础的学科，化学中许多的重大发现和研究成果都是通过实验得到的。

实验是学习化学的一条重要途径。通过实验及对实验现象的观察、记录和分析等，我们可以发现和验证化学的原理，学习科学探究的方法并获得新的化学知识。

化学家的高端"烧烤设备"

■ 温凉

　　无论是放学还是下班，人们在回家路上最为期待的大概是有一桌热气腾腾的饭菜在等着自己。无论是用燃气灶也好，用微波炉也罢，饭菜摆上桌之前有至关重要的一步：加热。

　　在化学的学习过程中，我们也离不开"加热"这个环节。课本上的加热只是一个简单的符号"△"，可是在实验室中，加热代表着需要一系列仪器，掌握好"火候"并不容易。让我们准备好水、沙子、湿抹布与灭火器，开始本期的"烹饪教学"吧。

普通酒精灯（加热温度 400~500℃）、本生灯（加热温度最高 1500℃）、高温喷灯（酒精喷灯加热温度 800~1000℃，乙炔喷灯加热温度最高可达 2300℃）被称为加热仪器三兄弟。图片为本生灯。

酒精灯的火焰分为三层：外焰、内焰、焰心。应该用酒精灯的外焰加热物体。

直接加热，火焰的舞蹈

　　直接加热就是"简单粗暴"地用明火加热，适用于对温度无准确要求的实验，最大的优点是简单便捷、升温迅速。常见的这类仪器有**酒精灯**、以本生灯为代表的煤气灯及各种高温喷灯。

预热是为了防止试管因局部温度变化过大而炸裂。

在直接加热的时候，一定要注意实验安全：擦干外壁、**预热**、避免暴沸、做好防火措施。一旦燃料泄漏起火，刚刚准备好的沙子与湿抹布就能够派上用场了。

使用本生灯与高温喷灯需要调节空气流量：先点火，再调节空气流量，进入的空气越多，火焰的温度越高。使用结束时需要先关闭气孔，再关掉气阀。

掌握好这些灯具的使用方法，就能愉快地"烧烤"高锰酸钾、五水硫酸铜、碱式碳酸铜等常见化学品了。

间接加热，没火照样烤

在很多情况下，实验室里是不能使用明火的，这时候就需要使用间接加热方式。常见的间接加热方式有电磁感应加热、热辐射加热等，从家庭中常见的电磁炉、微波炉、烤箱，到实验室中的电热套、电加热板、箱式结构的恒温箱、烘箱、马弗炉、微生物领域的杀菌釜……都属于间接加热设备。

电热套与电加热板可以说是酒精灯的进化版本，不仅有温度调节控制功能，往往还附带机械或磁力搅拌器，可以称得上是蒸馏与结晶的一把好手。在使用电热套加热的时候，应当注意避免液体流入电热套内、空烧电热套，以防危险。

烘箱与恒温箱，一般加热温度小于200℃。只要保证干净整洁，不向其中放入易燃物品，这两个仪器的使

马弗炉。

用还是比较安全的。而马弗炉可以称得上是化学实验界"最凶残"的加热设备之一，它最高能加热到1800℃，即使是用来烧制瓷器也不在话下。

整个实验过程中应格外注意，人不能离开，并且需要随时注意温度变化，连工作环境都需要非常干净整洁，即使在操作无误的情况下，也可能会出现诸如坩埚在里面"炸膛"的情况。

还有一种加热方式——"热浴"，它能够让加热变得更为均匀。道理很简单：烘烤食物的时候需要经常翻面，让食物受热均匀，而煮的时候，就不需要这个环节了。

常用的热浴方法包括：水浴（小于100℃）、油浴（100～250℃）、沙浴、盐浴与金属浴。固体介质的温度更高，但是在日常实验中使用得较少。

知识点

走进化学实验室

加热是最常见的反应条件，这一基本操作经常要用到酒精灯，使用酒精灯的时候要注意：

1. 绝对禁止向燃着的酒精灯里添加酒精，以免失火；
2. 绝对禁止用酒精灯引燃另一只酒精灯；
3. 用完酒精灯后，必须用灯帽盖灭，不可用嘴去吹；
4. 不要碰倒酒精灯，万一洒出的酒精在桌上燃烧起来，不要惊慌，应立刻用湿抹布扑盖。

注意要安全使用酒精灯。

学了化学，我家工厂破产了

■ 蔡导

想必夏天大家都喜欢喝碳酸饮料。在享受清凉汽水的同时，你有没有想过，瓶子里这么多的二氧化碳都是哪里来的？

先别急着抢答，二氧化碳是通过课堂上学过的盐酸与碳酸钙反应产生的。这是一种典型的实验室制法，如果你用这个方法来开工厂，你的工厂肯定要倒闭。不仅是二氧化碳，我们所学的氧气、氢气等气体的实验室制法，都是看起来很美但实际上是极为"败家"的方法。为什么学校要教我们这些奇奇怪怪的东西？真实的工业生产又如何保本赚钱？我们可以从几个常见的案例中找到答案。

二氧化碳，石头里蹦出来的气体

虽然工业制法与实验室制法千差万别，但二氧化碳这东西还真是从"石头里蹦出来的"，这多亏了碳酸钙有一个丰富、廉价的来源——石灰石。不过，工业生产中就没有必要用盐酸了，直接**在高温下煅烧石灰石**，碳酸钙会分解，同时生成生石灰（氧化钙）和二氧化碳。生石灰是重要的干燥剂、建筑材料，

高温煅烧石灰石的温度一般在800~1000℃。

$$CaCO_3 \xrightarrow{\text{高温}} CaO + CO_2 \uparrow$$

又称大气保温效应，太阳短波辐射可以通过大气到达地表，但地表受热后放出的长波辐射却被大气中的二氧化碳等物质吸收，这样就使得地表与低层大气温度增高，其作用类似于栽培农作物的温室。

煅烧法可谓一石二鸟。

除此以外，关于二氧化碳不得不提的另一个火热的领域叫作碳捕集，针对大型火电厂排出的大量高浓度二氧化碳，通过一系列吸收方法将二氧化碳吸收并封存，遏制**温室效应**。目前这项事业方兴未艾，已经有多个大型装置或工程正在建设。

氮气&氧气，这一趟，比南极还冷

高锰酸钾或过氧化氢分解制氧气的方法反应快、操作简便、便于收集，但成本高，无法大量生产，只能用于实验室中。工业生产需考虑原料是否易得、成本是否低廉、能否大量生产，以及对环境的影响等。

中学课本中，我们学习过用**高锰酸钾**或氯酸钾加热制氧气，过氧化氢分解制氧气，以及**电解水制氧气**。但是在工业中，可不会用上万元一吨的高锰酸钾或氯酸钾来制备氧气，制备氧气和氮气的来源是免费的原料——空气。

空气中氧气约占21%，氮气约占78%，那么如何将这样两种充分混合的成分分开呢？经过几十年的研究和改进，人们主要发展了两种方法。一种叫作低温精馏，另一种叫作变压吸附。

精馏是一类利用两种液体沸点不同来进行分离的方法的

电解水制氧气耗电量大且操作复杂，工业生产中一般不会采用。

23

总称。空气其实也可以变成液体，在几十倍大气压的压力下，把温度降到-190~-160℃，就可以得到液态的空气。然后利用**液态氧和液态氮的沸点**不同，就可以用蒸馏的办法将它们分离开。这种方法需要建设大规模的压缩制冷装置，所以也不是谁都用得起的，一般只用于石化行业等需要大量氮气和氧气的场所。

氮气、氧气等分别只由一种物质组成，是纯净物。空气这样由两种或两种以上的物质混合而成的物质叫作混合物，组成混合物的各种成分保持着它们各自的性质。

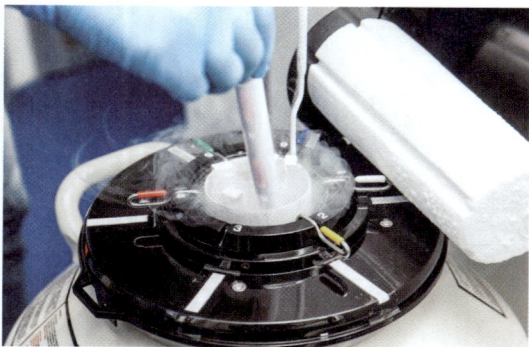

实验室里的液态氮。

对于较小规模的氧气和氮气需求，可以用变压吸附法来解决。变压吸附法利用了氧气和氮气另一项性质的差别：在一类多孔材料中的扩散速度不同。例如对于一段填充了多孔材料的管子，氮气扩散得更快，氧气扩散得更慢，所以越向管子深处，氮气的浓度越高。设计好阀门切换顺序等流程，就可以达到分离氮气和氧气的目的。

氢气太美太危险

只有活泼金属才能和酸反应制氢气。

在实验室中，我们会用电解水或用**金属与酸反应**的方法来制备氢气。在工业生产中，氢气是一种重要的原料，也被视为一种未来的清洁燃料。那么在工业生产中，又是如何生产氢气的呢?

一般对于工业上需要大规模使用氢气的情况而言,无论是使用金属和酸反应还是用电解水的方法,成本都太高了。以现在锌的价格24 000元每吨为例,用锌为原料生产1标准立方米氢气需要2.9kg金属锌,成本大约70元(还没算硫酸的费用)。而天然气制氢气的成本是1标准立方米0.8~1.5元。因此,工业上主要采用成本低廉的煤或天然气制备氢气。

煤燃烧的四种化学反应

$$C + O_2 \xrightarrow{点燃} CO_2$$

$$2C + O_2 \xrightarrow{点燃} 2CO$$

$$2CO + O_2 \xrightarrow{点燃} 2CO_2$$

$$C + CO_2 \xrightarrow{高温} 2CO$$

煤在不充分燃烧的情况下,会生成一氧化碳。生成的一氧化碳和水反应生成氢气和二氧化碳,分离除去二氧化碳后,就能得到纯净的氢气了。

$$CO + H_2O \xrightarrow[催化剂]{高温} CO_2 + H_2$$

使用天然气作为原料制备氢气的反应也较为相似。甲烷分子与水蒸气反应,生成一氧化碳和氢气,一氧化碳还可以进一步与H_2O反应生成H_2。

$$CH_4 + H_2O \xrightarrow[催化剂]{高温} CO + 3H_2$$

此外 学术界还在研究如何利用甲烷和二氧化碳生产氢气。这种方法一方面可以制备氢气,另一方面可以消耗温室气体二氧化碳。

氢气有很多特殊的性质,例如其分子太小,在高压下甚至能渗入金属原子之间的缝隙,穿透金属管,形成所谓的"氢脆"现象。因此,在工业中利用氢气时,需要特殊设计、格外小心。

氢气球一旦漏气，球体里就不再是单纯的氢气。当氢气的体积占混合气体体积的 4%~75.6% 时，遇火就会发生爆炸，是十分危险的。

因其**易燃易爆**的特性，在实验室使用时也要特别注意。

实验室里制备和使用气体，最主要的考虑因素是实验原理清晰、制备方便快捷、现象明显，也就是说真的要"看起来很美"，才能起到教学的目的。但是工业生产中，最主要的考虑因素则是安全连续生产和低成本。工业使用规模大，单位体积的成本只要略有上升就可能会导致亏损。因为考虑的核心因素不同，故实验室和工业制备气体的方式也就完全不同了。

知识点

走进化学实验室

实验室里所用的化学材料，很多是易燃、易爆、有腐蚀性或有毒的。为保证安全，实验前要仔细阅读化学材料的取用规则。

吃辣的人，可能见不到辣椒吗？

■ 小至

一个经常吃辣的人，有可能整年见不到辣椒吗？

当然有可能。想想各类粉面小吃店的餐桌上，是不是很少看到辣椒的原本的样子？提供辣味的，往往是调料盒里红彤彤的液体——辣椒油。它保留了辣椒的风味，又方便储存、分配，可以快速、均匀地与食物混合，比用"原生态"的辣椒要方便许多。

辣椒的味道独特，主要由于其富含**辣椒素**。辣椒素指的是一个种类的化学物质的统称（结构简式见下图），根据R基的不同，辣椒素所呈现出来的风味会稍有不同，目前已知的辣椒所含的辣味物质有14种之多。除此之外，辣椒中还含有带来香味的可挥发芳香化合物、带来鲜明色彩的类胡萝卜素、辣椒红素、辣椒玉红素等。

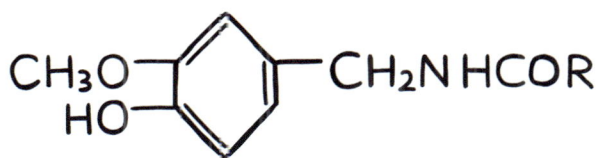

> 辣椒素对包括人类在内的哺乳动物都有刺激性，会在口腔里产生灼烧感。

$$CH_3O \quad CH_2NHCOR$$
$$HO$$

27

嗜辣的人可能看到这盘菜就已经要流口水了。

不同的辣椒品种所含有的具体的辣椒素不同，每种辣椒素的比例也会有所差异。要利用化学物质来人工配制出辣椒油，可就把问题复杂化了。直接一点的解决方式是，将这些复杂的风味物质从辣椒中提出来。

如何做到这一点呢？这里就不得不提到化学实验基本操作之一——**萃取**。萃取是一种利用物质在两种互不相溶的溶剂中溶解度不同，从而使物质从一种溶剂转移到另一种溶剂的方法。前文我们提到的辣椒风味物质都是有机物，它们在有机溶剂中的溶解度很高，所以当我们将辣椒浸泡在油脂中时，这些风味物质从辣椒进入油脂里，就形成了我们喜爱的辣椒油。

在提取药效成分或香料成分时，都会用到萃取。

如果想让辣椒油足够辣，就要保证提取物的浓度，不能只采用浸泡这么简单粗暴的方式。使用何种溶剂来萃取？萃取环境的温度、压强如何？原料与溶剂接触的表面积够不够大？这些因素都会关系到最终萃取物质的浓度。

温度会影响物质的溶解度，进而影响萃取的效果。

泡久一点，也是充分萃取的方法之一。

家庭制作辣椒油会用到**提高温度**、增大接触面积这2个促进萃取的手段：先将辣椒切碎或者磨成粉末，再加入食用油直接熬制，或者说将食用油加热，直接淋到辣椒上。这种方法简单快捷，但是生产出的辣椒油味道并不稳定，食用油的温度，食用油浸泡辣椒的时间都会影响到具体萃取出的风味。

辣椒油的工业生产中，厂家会选用乙醇、丙酮、乙醚等有机溶剂来萃取，以尽可能地将辣椒内的风味物质完全提取出来。

粉碎干红辣椒之后，反复使用这些溶剂进行浸提，再利用溶剂与风味物质的沸点不同这一原理，使用**蒸馏**的方式将有机溶剂回收，剩下的就是包含辣椒素与辣椒红素的成品了。将提取出的高浓度精油与普通食用油按照一定比例混合，这样制成的辣椒油品质就会稳定很多。

蒸馏是一种分离、纯化液态混合物的常见方法。

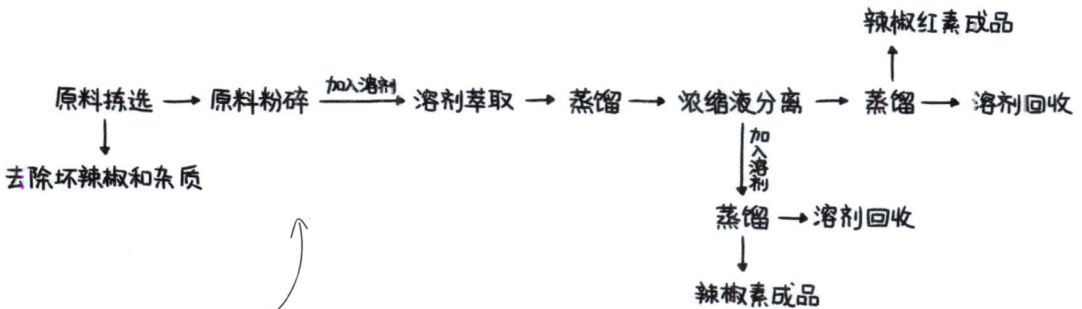

原料拣选 → 原料粉碎 —加入溶剂→ 溶剂萃取 → 蒸馏 → 浓缩液分离 → 蒸馏 → 溶剂回收 → 辣椒红素成品

去除坏辣椒和杂质

浓缩液分离 —加入溶剂→ 蒸馏 → 溶剂回收 → 辣椒素成品

工业量产辣椒素与辣椒红素流程图。

除了辣椒油之外，我们在生活中还可以看到许多的具有特殊味道的油脂，也是利用了萃取这一原理，比如芥末油、花椒油等。

知识点

化学实验基本方法——萃取。萃取是一种利用物质在两种互不相溶的溶剂中溶解度不同，从而使物质从一种溶剂转移到另一种溶剂的方法。

"名垂周期表"的化学家

■ 向萍玥

跟你打个赌：你知道的科学家名字里，物理学家一定比化学家多。不信？翻翻物理兰位表，牛顿、安培、焦耳、伏特、欧姆、瓦特、赫兹、帕斯卡等人在那儿排队等着你……相比之下，化学家似乎要低调很多。元素周期表中的元素都扩展到118个了，好像也没见哪个元素的名字跟化学家有关。

真的没有化学家得到"名垂周期表"的殊荣吗？倒也不是。只不过人名所占的比例太小了。元素英文名称的来源可谓天马行空、多姿多彩（中文名称则大多是音译而来的形声字），有不少有趣的故事。

地名命名元素

无论古今，用地名命名元素都是一个常见的做法。有四分之一的化学元素是依据其发现地来命名的，这些地点本身也多种多样，大到大洲和国家，小到城市、乡村、研究所，都被用来命名元素。

例如，铕元素（europium）就是以欧洲（Europe）的名字命名的；而镅元素（americium）、钫元素（francium）和钋元素（polonium），分别以美国（American）、法国（France）和波兰（Poland）的名字命名；锶（strontium）取自一个苏格兰村庄的名字，而瑞典的采矿村伊特比（Ytterby）堪称化学界锦鲤，有7种元素的发现与它有关，还冠名了其中的镱（ytterbium）、钇（yttrium）、铒（erbium）和铽（terbium）4种元素。

115号、116号元素诞生于俄罗斯和美国的实验室中，因而其名称与相应的研究所有关。

最霸气的还要数2号元素氦（helium），是希腊语中太阳的意思。1868年，法国科学家杨森利用分光镜观察太阳表面，发现一条新的黄色谱线。他认为氦元素是来自太阳的一种特殊元素。后来人们才知道，这东西地球上也有。

神怪，元素传说

有十几种元素是以传奇和神话命名的。比如，镍（nickel）的命名取自德语词汇kupfernickel，意思是"魔鬼的铜"。当时的日耳曼人坚信镍中含有铜，但又无法从中将铜提取出来，认为有魔鬼在作怪（其实是不可能提出来的）。至于钴（cobalt），则来自于德语词汇kobalt，意为德国民间传说中的"小鬼"，钴总是被错认为高价值的银，于是背上了"被小鬼诅咒"的黑锅，跟镍做了"难兄难弟"。

人造元素钷（promethium）根据普罗米修斯（Prometheus）的名字命名。普罗米修斯是古希腊神话中的传奇人物，因为从神灵处偷盗火种而受到永久的折磨和惩罚。这样的命名是为了纪念人类在合成新元素时所面临的巨大困难和做出的巨大牺牲。

科学家：低调、低调

大概是因为化学家本性都低调谦和，目前，还没有元素的发现者以自己的名字命名元素。但是有几位科学家的名字被后人拿来命名元素了。例如，锔元素（curium）是以居里夫人命名的，锿元素（einsteinium）则是以爱因斯坦命名的，元素周期表的发明人门捷列夫冠名了钔元素（mendelevium）。除此之外，以人名命名的还有镄（fermium）、钐（samarium）、铹（lawrencium）等。

遗憾的是，在周期表上的"纪念"并没有起到什么效果。物理学家冠名的单位走进了物理课本，而目前用人名命名的元素是在元素周期表中排名靠后、普通人很难接触到的元素，实在是很没有存在感。

性质，我的名字我做主

以上命名方法，可以说跟元素本身毫无关系。其实元素本身也有"当家做主"的时候——依照自己的性质来命名。

钠、钾和氯都是在实验过程中得名的。拿钾元素来说，化学家戴维首先从盐陶土（salt potash）中分离出这种物质，得名potassium。其元素符号K，取自拉丁词汇kalium，也是盐陶土的意思。钠元素被命名为sodium，则是因为戴维在制备过程中使用了氢氧化钠（caustic soda）。

英国科学家威廉·拉姆齐发现了稀有气体，这是一组反应性很弱的元素，所以又称惰性气体。也使用希腊词来命名氖（neon）、氙（xenon）、氪（krypton）、氩（argon）这4种元素，因为在希腊语中，这4个词的含义分别是新的、陌生人、隐蔽的和非活动性的，很好地对应了这些元素的特征。

有9种元素是以颜色来命名的，也有一些元素以气味、味道命名。例如，铷元素（rubidium）就因其光谱中有一道亮眼的深红色（ruby）而得名。溴元素（bromine）的名称来自希腊语词汇bromos，意为臭气。铝元素（aluminium）是从含铝矿物质明矾处得名，明矾的拉丁语名是alumen，意思是苦味的盐。

历史上，很多元素在英语获得如此高的地位之前，已经被发现了，所以前文中会有拉丁语、希腊语乃至德语交替出镜。再举个例子，

知识点

化学元素周期表。

H							
Li	Be						
Na	Mg						
K	Ca	Sc	Ti	V	Cr	Mn	Fe
Rb	Sr	Y	Zr	Nb	Mo	Tc	Ru
Cs	Ba	La–Lu	Hf	Ta	W	Re	Os
Fr	Ra	Ac–Lr	Rf	Db	Sg	Bh	Hs

*	La	Ce	Pr	Nd	Pm	Sm
**	Ac	Th	Pa	U	Np	Pu

B C N O F He
Al Si P S Cl Ar
Cu Zn Ga Ge As Se Br Kr
Ag Cd In Sn Sb Te I Xe
Au Hg Tl Pb Bi Po At Rn
Rg Cn Nh Fl Mc Lv Ts Og

Tb Dy Ho Er Tm Yb Lu
Bk Cf Es Fm Md No Lr

我们熟知的金、铁英文名叫gold、iron，为什么元素符号却变成了Au、Fe？因为它们来源于拉丁文Aurum和Ferrum。这两个拉丁文单词的意思也是金、铁。毕竟这两种元素，已经被人类使用几千年了。

元素的名字虽然来源各异，却也有些共同点，比如说许多元素都有"-ium"后缀，这来源于罗马人，而维多利亚时代的科学家选择将这种习惯延续下去，给千奇百怪的周期表留下了一点点宝贵的规律。

没氧气活不了，氧吸多了呢?

■ 代丽

背着氧气瓶，咕噜咕噜下潜到海底，跟五彩斑斓的珊瑚零距离接触，与调皮灵动的小丑鱼擦肩而过；或者下到海底摸上来一只只肥肥的海参，一切都如此美妙。

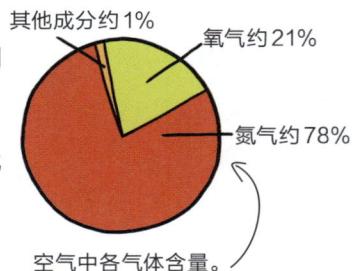

其他成分约1%
氧气约21%
氮气约78%

空气中各气体含量。

但是你知道吗? 潜水时背的氧气瓶里可不是纯氧。这并不是因为商家无良，而是……吸纯氧你可能就上不来了。

我们都知道一个常识，要想维持生命，绝对少不了**空气**、水。而空气中最重要的，莫过于占比约21%的氧气了。我们的身体每时每刻都离不开它。氧气通过我们的肺部进入体内，由红细胞"小姐姐们"送入肺部，再在细胞的线粒体中参与三磷酸腺苷（ATP）生成。

除了占比大约 21% 的氧气，空气中大约 78% 是氮气，大约 0.94% 是稀有气体，二氧化碳约占 0.03%，其他气体和杂质约占 0.03%。

因为有了氧气瓶，人类可以潜入海底。

海拔（单位：m）

相对于海平面含氧百分比

9000	32%
7500	39%
6000	48%
4500	58%
3000	70%
1500	84%
0	100%

氧气含量与海拔对比图

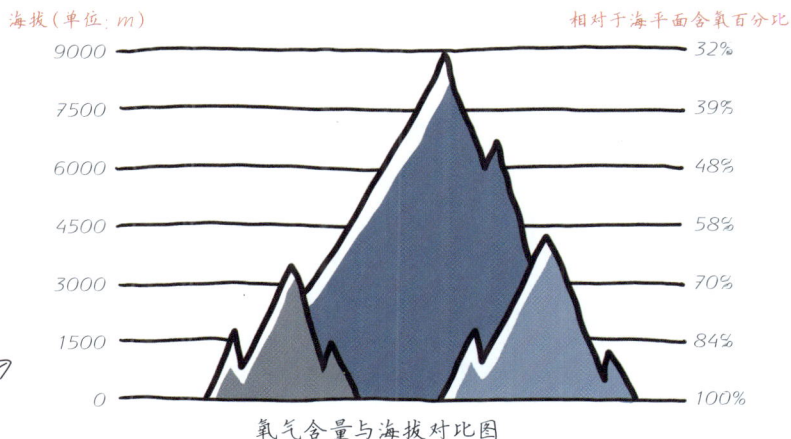

由平原进入海拔 3000m 以上的高原地区，空气中氧含量约减少了 1/3，容易引发高原反应。到了海拔 5000m 处，空气中含氧量约减少 1/2，更容易引起高原反应了。而到了珠穆朗玛峰，空气中氧含量约缩减为原来的 32%。

一个成年人平均每天就要消耗掉800~1000g的氧气。在外出旅行时，由氧气充足的平原进入海拔3000m以上的高原地区，容易因为缺氧而引发高原反应。也难怪那么多人前赴后继地攀登珠穆朗玛峰，绝大多数人需要准备昂贵的供氧设备。

既然氧气是生命之源，那高浓度的氧气又是怎么给人造成伤害的呢？

我们在电视剧及电影中经常能看到给病人**输氧**的画面。偷偷告诉你吧，一般在输氧时是不会让病人吸入浓度为100%的氧气的，而是纯氧和空气的混合物。吸入太高浓度的氧气可能会给身体带来不利影响，严重的甚至会造成氧中毒。

氧气瓶里的不全是氧气！

医疗用氧的浓度一般在 45%~99%。

氧中毒到底是怎么回事呢？

目前普遍认为，氧中毒的根本原因是进入体内的氧会产生**氧自由基**，氧浓度过大，氧自由基太多，则会超出机体的防御能力。氧自由基，就是由氧气产生的一种对人体有害的物质。

我们的身体内有各种抗氧化酶来清除这种有害物质。高压氧在体内会产生过量的氧自由基，体内的抗氧化酶无法将它们全部清除，就会导致人体的细胞结构和功能受到损害。

> 氧自由基是失去一个电子后的氧原子，它会使蛋白细胞纤维化，也会让脂肪细胞发生过氧化反应。

有两种情况可能会引起氧中毒

一种情况是在标准大气压（101.325kPa）下吸入过量氧气，当机体吸入含氧量为50%以上气体一段时间后，会导致某些器官的结构和功能发生病理性改变。

另一种情况是，氧气压力高于大气压时也会导致中毒，而这种情况一般在短时间内就会产生作用，严重的还可能引发呼吸衰竭而导致死亡。

所以潜水员们在水下那么悠然自得，吸的可不是纯氧。绝大多数的休闲潜水者所背的气瓶内不过是压缩空气而已，氮气和氧气的比例还是近似空气的比例（79:21）。经过一定训练的潜水者可以采用高氧空气，比如采用美国国家海洋和大气管理局（NOAA）认证的两种科学配比：氧气含量分别为32%、36%。潜水深度超过30m的，还需要根据下潜深度和时间进行计算，改变氧气的比例。

说到这里，我们来看看近年来貌似盛行的吸氧保健法。在浏览器中搜"吸氧保健""家用制氧机",会弹出一堆"吸氧保健的好处""怎样正确地吸氧"等信息。在电商平台搜一下,会发现"家用制氧机"销量都很高。少数制氧机厂商为了推销产品,擅自夸大吸氧效果,殊不知,这可能会给消费者带来安全隐患。

实际上,国家食品药品监督管理总局早在2014年2月7日就发布了安全提醒,尚无证据证明吸氧有保健作用,过度吸氧可能会对人体造成伤害。如果身体健康,没有缺氧症状,无论是老人还是孕妇,都不推荐过度吸氧。制氧机应当在医生指导下购买和使用。

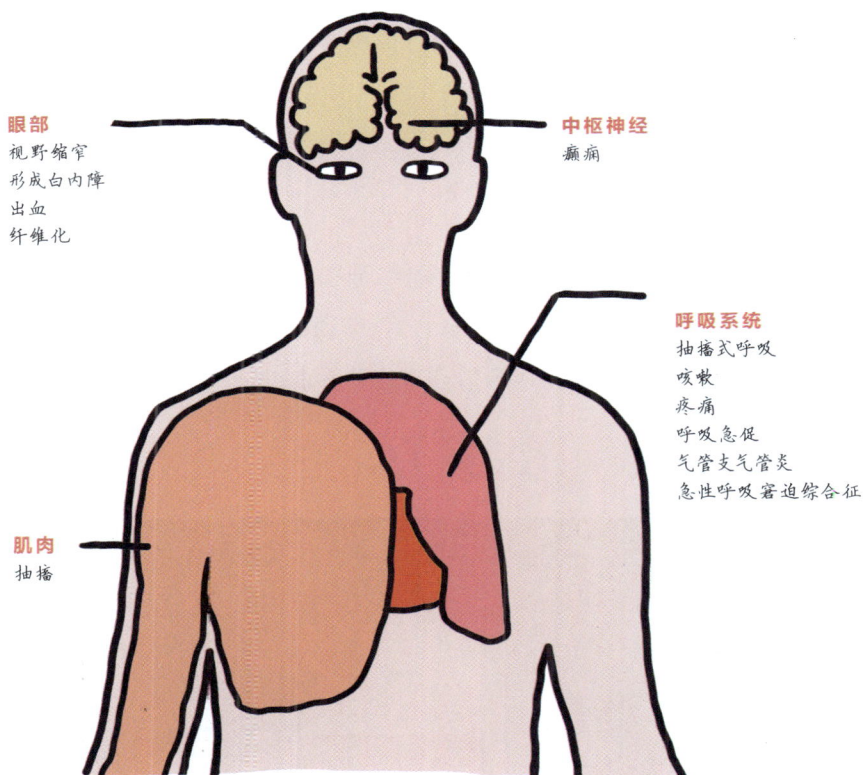

眼部
视野缩窄
形成白内障
出血
纤维化

中枢神经
癫痫

呼吸系统
抽搐式呼吸
咳嗽
疼痛
呼吸急促
气管支气管炎
急性呼吸窘迫综合征

肌肉
抽搐

氧中毒的症状

知识点

氧气是支持呼吸的气体。

离开水的鱼是被憋死的吗?

■ 温凉

    绝大多数鱼终生活在水里,一旦离开了水它们就会死(且不谈肺鱼等少数"奇葩"),这是个我们习以为常的现象。不过奇怪的是,离开水的鱼是被活活憋死的。

    在常温常压下,每升水中最多只能溶解30mL氧气,这还是用纯氧溶到饱和的情况,自然界中普通水体含氧量约为8mg/L。那么鱼在含氧量并不高的水中能自由呼吸,在含氧量21%的空气中却活活憋死,这是为什么呢?

    问题的关键在于呼吸器官的差异。哺乳动物使用肺来呼吸,通过肺泡中支气管与毛细血管进行气体交换。静脉中的二氧化碳被换成氧气,静脉血就变成含氧丰富的动脉血,从而为我们生命活动提供能量。

钝口螈有独特的类似蕨类植物的不封闭鳃结构。

鳃弓

水流

鳃丝的特写

含氧血液

脱氧血液

静脉

动脉

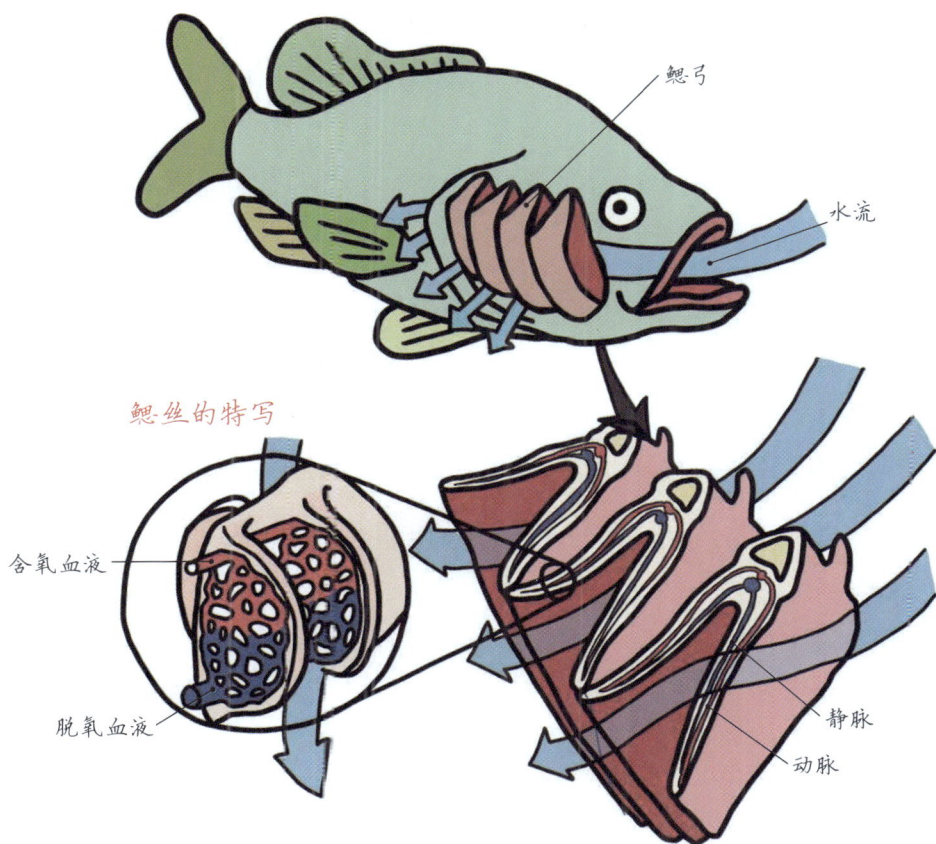

　　而鱼类则是通过**鳃**来进行呼吸的。它们的鳃和哺乳动物的肺不同，是半暴露或全暴露的。鳃由很多细丝状的鳃丝组成，由于这些鳃丝的存在，鳃和水的接触面大大增加，摄取水中溶解的氧气也就容易得多。

水从鱼嘴进入后经过鱼鳃流出，这个过程会带来氧气，带走二氧化碳。

氧气罐提供的气体一般仅供潜水员使用两小时。

鳃上布满了微细的血管，这里的表皮很薄，血液流过这里时进行气体交换：随着嘴巴与鳃盖的交替开闭，水可以不断地进入口腔，经过咽喉到达鳃，充分接触后排到外面，就完成了呼吸。

人类的肺没有在水中进行气体交换的功能，更适合在空气中进行呼吸，因而人想在水中"自由"地潜水，离不开"水肺"。而鱼面临的问题是，空气没法像水一样将鱼鳃分散，鳃丝黏成一坨，氧气虽多却无法充分接触，而随着蒸发失水，鳃表面的细胞和毛细血管受损，鱼的呼吸就更加困难了。

相比之下，**鱼在空气中还能凑合呼吸几口，而人一旦进了水中就只能老老实实闭气，敢吸一口就要被呛得死去活来**。那么能不能给人类装上一副"鱼鳃"？目前潜水员使用的气罐，可比鱼鳃

高等脊椎动物会在发育阶段长出鳃弓，但是不会发展出鳃，而是变成其他器官，诸如甲状腺、喉部等。

身边的气体

差多了。毕竟气罐重达几十斤，而且大多数气罐能够提供的气体也仅仅够潜水员水下作业两小时。

人工鱼鳃应该具有这样的能力：在水中通过过滤或者振动，将溶解的氧气提取出来，供给我们呼吸。当然，这个东西还得体积小，如果过于庞大的话，那么还不如背着传统的"水肺"潜水。

2013年，来自韩国的Jeabyun Yeon提出了鱼鳃式水下呼吸器Triton的设计概念。以一块内置的微型电池作为电源，通过**半透膜**将水泵吸入的水与气进行分离，从而供给潜水者使用，同时还对氧气进行压缩储存。

> 一般来说，半透膜只允许离子和小分子物质通过。

当然这个呼吸器还处于概念设计阶段，最大的问题在于电池续航能力的限制。此外，设备无法改变氧气在水中溶解度低的性质，潜水员把周围水中氧气"吸干"之后，如何接触到充足的氧气，也是个不小的挑战。这项每条鱼都具备的技术，要想复制还真没那么容易。

知识点

氧气是维持生命活动必需的气体，无色无味，难溶于水。

海的那边，有片吃鱼长大的森林

■ 孙亚飞

澳大利亚西海岸，一艘巨无霸散货船正停泊在港口装载铁矿石。这艘船将会驶向中国的青岛港，船上的铁矿石将会被送往炼钢厂。它们在熔炉里被加工成各类钢材之后，也许会被制成高速铁路的铁轨，或是再次被装船送往美国，修补生锈的钢索桥，又或者是乘坐太空飞船，飞抵近地轨道。

在人类的帮助下，原本埋藏在澳大利亚沙漠里的铁矿石，可以远涉重洋，甚至飞离地球。然而，在地球上，并非只有我们人类才是化学元素的搬运工。有一些看上去不那么起眼的生物，也具备这样的能力，甚至从一定程度塑造了地球的面貌。

人类开采矿石，使得许多元素得到了漫游全球的机会。

　　加拿大的太平洋沿岸，每到秋天，一些河流就会引来棕熊的光顾。这些狡猾而饥饿的动物会站在河流的浅水部，或是守到小瀑布的高台上，用尖爪和利牙享受一场规模宏大的三文鱼（又名鲑鱼）盛宴。棕熊们每每捕获得手之后，叼起胜利果实，就往河道两旁的丛林里跑去。找到理想的用餐地点后，它们只享用三文鱼最肥美的部分，剩下的鱼皮、鱼骨、鱼头还有鱼鳍，全都扔在了这片丛林之中。

　　这些三文鱼曾经生活在太平洋中。正所谓"大鱼吃小鱼，小鱼吃虾米"，浩瀚的太平洋，让很多浮游生物得以繁衍，小鱼和小虾更以它们为食。三文鱼虽不是什么海洋霸主，但天敌也不多，它们肆意捕猎，也将各种营养元素都富集到了自己体内，值得一提的是**氮元素**，它参与构建了蛋白质与核酸。

人体中氮元素的质量约占3%，仅次于氧、碳和氢。

45

　　当三文鱼想要找个地方养育下一代的时候，便会沿着河溪溯流而上，游上几百千米，抵达它们出生的地方，在一片静谧的河滩上求偶产卵。而棕熊，就守在了它们洄游的必经之路上。

　　虽然这条路对于三文鱼而言，无异于死亡征程，但对于沿岸包括棕熊在内的很多生物而言，却是一场生存之旅。棕熊将吃剩的残骸随意丢弃，引来鼠类和鸟类觊觎；而在它们享用之后，昆虫与细菌又围了上来，于是这些可怜的三文鱼在历经千辛万苦之后，可能除了它们从海洋带来的各种营养元素留在了这里，其他的什么也没剩下。

"你们可不要学我，总是乱丢垃圾。"

人类吃三文鱼也跟棕熊差不多……

植物可以通过光合作用轻松地获取碳、氧等元素，然而**氮元素却只有少数植物能够从自然界获取**。一旦缺乏氮元素，植物生命也会无法延续。三文鱼在海洋里积攒的大量氮元素，在被棕熊掠夺之后，最终馈赠给了河流两岸的森林，于是我们看到，但凡有三文鱼洄游的河流，水边都会有一片茂密的森林，证明这些鱼曾经来过。科学家估计，在加拿大西海岸的大熊雨林，三文鱼提供了高达80%的氮元素。

例如，大豆、蚕豆等豆科植物，可以利用和它们共生的根瘤菌固氮。

三文鱼用身体去滋养河流生态的故事也许令人唏嘘，但地球的法则就是如此，任何一个生命体，不管它的体型如何，其实每天都在搬运着大自然的各种元素，地球也正是在各种生物的重塑之下，才会变得如此多彩。

知识点

氮是植物体内蛋白质、核酸、叶绿素的组成元素。

泡腾片，一下水就欢脱

■ 猛犸

可乐、雪碧等汽水能给人略微发麻的独特口感，这要归功于其中的二氧化碳。打开饮料瓶，我们可以直接观察到不断冒出的二氧化碳气泡。在水中欢快冒泡的泡腾片，也可以带来类似汽水的口感。这些气泡从何而来，为什么入水之后才能产生呢？

这要从汽水的别名——碳酸饮料说起。碳酸（H_2CO_3）是一种弱酸，以前也叫"呼吸酸"或者"挥发酸"，这是因为在我们呼出的气体中，二氧化碳占4%~5%，用吸管对着一杯水吹气，二氧化碳溶于水，就能生成碳酸。在工厂里生产汽水时，要加压将二氧化碳溶入水里。**我们打开汽水瓶时，压力恢复正常，就会有大量二氧化碳从水里跑出来。**

压强越大，气体的溶解度越大。生产汽水时就用到了这个原理。

身边的气体

为避免发生酸碱中和反应，泡腾片应在干燥处保存。

泡腾片则是由柠檬酸、小苏打、色素、甜味剂和其他必需的添加剂混合压片得来的。柠檬酸是一种有机酸，在我们的许多食物里都有；小苏打的化学名称是碳酸氢钠。将泡腾片投入水中，柠檬酸、碳酸氢钠就会发生**复分解反应**，释放二氧化碳。

简单来说，复分解反应就是两种化合物互相交换成分，生产另外两种化合物的反应。

常温下，柠檬酸和碳酸氢钠都是固体，即使混合在一起也无法发生反应。这是因为它们在没有溶于水之前，不会变成离子状态，也就无法自由结合。泡腾片正是利用了这一点，使酸和碱在一小片固体内"和谐共处"。

将泡腾片投入水中后，酸碱开始发生反应，产生二氧化碳小气泡附着在上面。随着各类配料溶解、重量减轻，泡腾片受到的重力小于附着其上的气泡提供的浮力，就会被气泡带着浮向水面，直至溶解消失。气泡不仅提供了独特的口感，还可以帮助泡腾片里的成分更快地分散、溶解。

知识点

碳酸不稳定，容易分解成二氧化碳和水。

金星没金，木星没木，行星有什么？

■ 小庄

地壳中最丰富的金属元素是铝。但如果算上地球从内到外所有部分，最丰富的元素其实是铁——地核的主要成分是铁，这是地球磁场得以形成的条件之一。

太阳系八大行星中有三个和地球一样拥有铁核、硅酸盐幔，因此被称为类地行星，它们分别是：水星、金星、火星。

水星是八大行星里最靠近太阳的，美国的"信使号"水星探测器探测出它的表面含有钾和硅，而内部则含有大量铁元素。"金"星并没有大量的金子，除了铁-镍为主的核，金星的幔含有硅、氧、铁、镁等元素，但诡异的是，金星几乎没有**磁场**，这可能源于它的幔和核之间没有形成明显稳固的相对运

地壳中含量最多的元素依次为：氧、硅、铝、铁、钙。

磁场是因为运动电荷或电场的变化而产生的。它看不见摸不着，但它是客观存在的。

地球从外到内可分为三层：地壳、地幔和地核，其中地核中含有大量的铁。

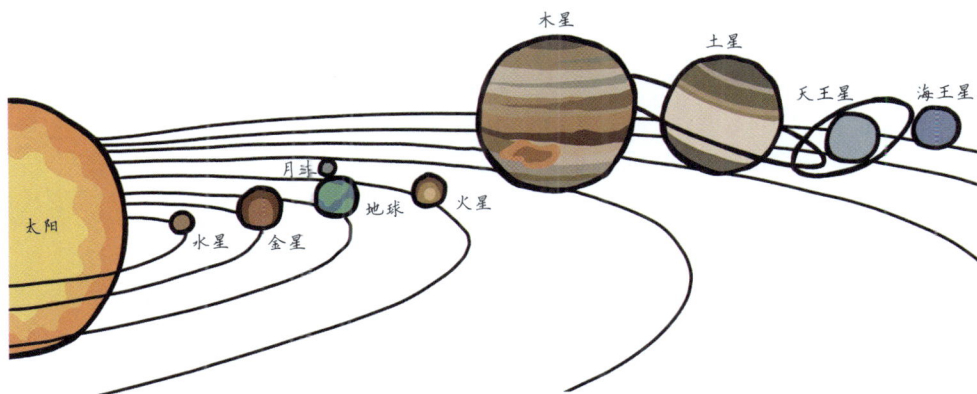

太阳系八大行星中，距离太阳较近的水星、金星、火星被称为类地行星，它们都拥有铁核。

动。金星表面温度非常高，浮着一层厚厚的云，2014年科学家们通过雷达波发现，这层云经常下"雨雪"。不过，金星上面下的可是金属雨和金属雪，那里的山体表面覆盖着方铅矿和辉铋矿。

铁如果跟水和氧气接触，就会出现铁锈。铁锈的主要成分就是氧化铁。

火星是有名的红色星球，它的大气和地表含有大量红色的氧化铁，所以，也有人开玩笑把它叫作"**锈掉了的星球**"。火星上的岩石主要为火山玄武岩，土壤中还含有钠、钾、氯和镁等元素。2013年，美国"好奇号"火星探测器开始钻取分析火星地表下的远古岩石，我们寄希望于下一个探测器能将上面的岩石样本带回来分析，这样就能知道更多信息，探究上面是否具备足够适合人类生存的条件。科学家认为火星原本是有一个磁场的，只不过后来慢慢消失了。

木星和土星被称为巨行星，和类地行星不同，这两个星球以气体为主，没有可以明确的、界定的固体表面。木星是太阳系最大的行星，其表面重力是地球的2.4倍，其成分只有氢和氦，不过，科学家仍然认为它存在一个金属的核，因为它的磁场强度实在是太大了，位列八大行星之首，其赤道的磁场强度约为地球赤道磁场强度的20倍！

科学家认为，如此强的磁场正是氢形成的。在相当于几百个地球大气压的巨大压力下，液态或固态的氢会变成一种具有金属般导电性的物质，科学家们把这种形态叫作"金属氢"。虽说大家印象里的氢是一种气体，但从元素周期表上我们可以看到，它是处于**碱金属**（锂、钠、钾……）这一列的，只不过地球上没有超高压力环境，无法让氢变为密度更大的形态而已。

> 在元素周期表中，碱金属自上而下金属性增强。

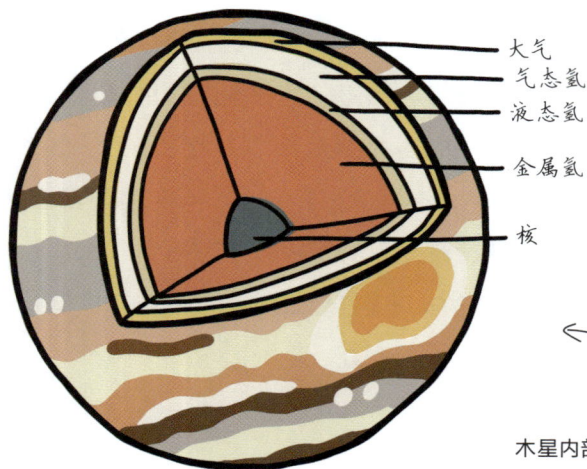

大气
气态氢
液态氢
金属氢
核

木星内部含有大量的金属氢。

拥有美丽光环的土星，情况跟木星很相似，由氢和氦组成，"肚子"里也藏有金属氢，这使它形成了一个强度与地球相当的磁场。

剩下的两个行星被称作远日行星，1986年"旅行者2号"造访过天王星，根据探测结果，其表面成分以水、甲烷、氨和硫化氢为主。有人认为这颗星球深处存在液态海洋，当中含有不少离子化物质，比如镁，但这一说法还存在争议。海王星是一颗"冰星"，因为距离太阳较远，表面温度极低，不过它的核心温度还是可以达到7000℃，核里面含有铁及其他一些金属。

从地球、类地行星到遥远的海王星，具有"铁核"的行星所占比例相当大。这是因为，能够通过恒星上释放能量的**核聚变**反应来形成的元素，原子序数最大的也就到26号铁元素了。形成更重的元素则是需要吸收能量的，2017年10月26日观测到的引力波事件中，科学家们观测到有两颗恒星在距离地球1.3亿光年处相撞，这次爆炸产生了大量重元素，其中仅黄金的质量就约为地球质量的10倍。

目前人类已经可以做出不受控制的核聚变，如氢弹。未来若是可以控制核聚变，它将会是一个很重要的能量来源。

知识点

地壳中含量最高的金属元素是铝；钢铁是目前产量最高、使用最多的金属材料。

生锈真的有害无益吗?

■ 窗敲雨

在生活中,人们经常能观察到铁制品生锈的现象。在铁器表面出现的红褐色锈迹,其中含有三氧化二铁等成分。干燥的氧气本身对铁的影响其实不大,但在水和盐分存在的条件下,生锈就会变得更容易。

氧化生锈让原本坚韧的金属变得疏松脆弱,这会带来很多经济损失和安全隐患。全球每年因锈蚀造成的经济损失高达4万亿美元。因此,人们总是想尽办法阻止铁与氧气反应。比如说**给铁制品刷上防锈漆**,或者用不锈钢替代普通的铁。

刷上防锈漆以后可以让铁和氧气隔绝。

生锈的船。

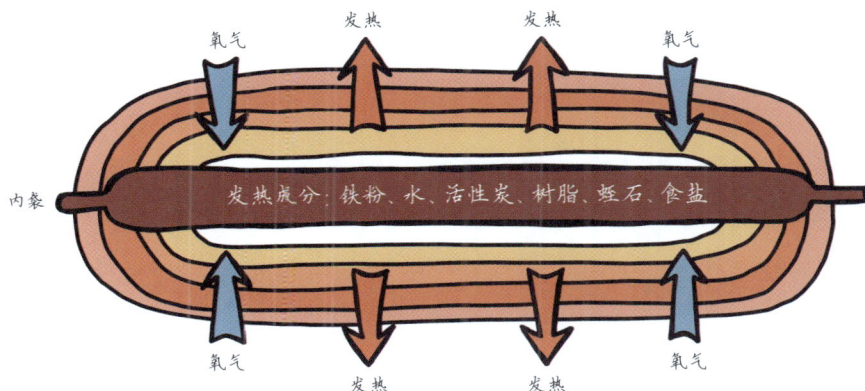

氧气　发热　发热　氧气

内袋

发热成分：铁粉、水、活性炭、树脂、蛭石、食盐

氧气　发热　发热　氧气

"暖宝宝"工作
原理示意图。

　　然而，这个总是令人头疼的"生锈反应"也有派上用场的
时候。我们在冬天使用的一次性取暖贴（"暖宝宝"），利用的
就是铁生锈的过程。

　　在"暖宝宝"当中，最主要的成分就是铁粉，此外它还含
有活性炭、水、食盐，以及高吸水性树脂和蛭石。最后这两种成
分可以吸收水分，为反应物提供潮湿的环境，同时避免水流出
来弄湿衣服。

　　这和取暖贴有两层包装，外层的密封包装可以隔绝空气，
而内侧包装则是透气的。当打开外层包装之后，其中的铁粉接
触空气口的氧气，就会开始反应，生成氧化铁。这个氧化反应
放热，就会让"暖宝宝"暖和起来。

这是因为盐和水的存在,让铁和空气形成原电池,加速了铁的生锈过程。

平时人们会想尽办法阻止铁生锈,但是为了取暖,人们设法让"暖宝宝"里的铁粉迅速"生锈"。一方面,"暖宝宝"中的铁是细小的铁粉,与氧气接触的表面积很大;另一方面,**盐和水的存在也加速了反应**。

这个反应说起来很简单,但设计"暖宝宝"其实还要稍微复杂一些。反应太慢了可能等很久都不会暖和,太快了不仅容易烫伤,而且会导致铁粉很快被消耗完。为了让反应保持恰当的速度,并且尽可能长时间保持暖和,生产商会测试各种成分最适宜的添加量和配比。此外,内层包装袋也很重要,通过改变它的**透气程度**,也可以控制反应发生的快慢。用在不同地方的取暖贴也有不同的设计,比如说放在鞋子里的暖脚贴内层包装会更透气一点,因为鞋子内部没有那么充足的氧气。

透气程度越高,铁粉与氧气的接触面积就越大,反应速率越快。

除了取暖贴,那些可以"自加热"的方便盒饭、方便火锅,它们的加热包也可能含有铁粉,或者铝粉、**氧化钙**等成分。按要求

氧化钙和水生成氢氧化钙,这是一个典型的放热反应。

自加热的方便盒饭,让外出旅行的人们可以吃上可口的饭菜。

到入水之后,就会引发放热反应。有些放热反应甚至可将温度提升至125℃,这足以将食物充分加热。使用这种加热包时也要格外注意安全,避免烫伤。

$$CaO + H_2O = Ca(OH)_2$$

反应现象是会产生大量的热,水可能沸腾,有白色物质沉淀下来。

> 物质变化主要有两种类型:物理变化和化学变化。没有生成新物质的变化叫作物理变化,生成新物质的变化叫作化学变化,又叫作化学反应。化学变化时往往伴随着物理变化,但物理变化时不一定发生化学变化。

　　除了**化学反应**之外,也有通过物理反应带来热量的方法。有一种暖手包里面装着透明的溶液,其中还有一个金属的"引发片"。掰一掰金属片,你就会看到其中的液体开始结晶,并且感受到发热。这种暖手包里装的是浓浓的醋酸钠过饱和溶液,金属片可以引发结晶过程,让它变成三水合醋酸钠晶体。这个结晶过程会放出热量可供取暖,因此这种物质也被称为"热冰"。和一次性的"暖宝宝"不同,这种暖手包加热之后还可以再次使用。

知识点

铁生锈本质上是铁与空气中氧气、水蒸气等发生化学反应的过程。

自由女神像会被腐蚀完吗?

■ 小庄

说起美国纽约的标志性建筑物,最有名的要数高举火炬的自由女神像,这个蓝绿色的巨型雕像,矗立在纽约海港内自由岛的哈德逊河口。

这个雕像,是法国为庆祝美国独立战争胜利一百周年送来的礼物,1876年奠基动工,直到1886年10月28日方才落成。**这件礼物最初是亮锃锃的铜色,和现在的颜色相去甚远,后来的"变身",要归功于一系列化学反应。**

铜会和空气中的氧气反应,铜原子被氧原子夺去电子,生成红色的氧化亚铜:

$$4Cu + O_2 == 2Cu_2O$$

因为空气中的氧气过剩,所以氧化亚铜会进一步和氧气反应,生成黑色的氧化铜:

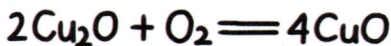

$$2Cu_2O + O_2 == 4CuO$$

中国古代的青铜器和它是类似的。青铜器本来也不是青色,青色是生成的铜锈。

自由女神像的一系列变身。

接下云，氧化铜又和空气中的二氧化碳和水反应，生成绿色的碱式碳酸铜，这种物质是孔雀石的主要成分：

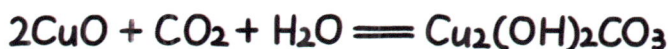

$$2CuO + CO_2 + H_2O == Cu_2(OH)_2CO_3$$

也有可能生成碳酸根和氢氧根配比不同的碱式碳酸铜，呈蓝色：

$$3CuO + 2CO_2 + H_2O == Cu_3(OH)_2(CO_3)_2$$

在自由女神像刚修建起来的年代，纽约的空气污染比较严重，其中有大量烧煤产生的硫氧化物，氧化铜和空气中的硫氧化物、水经过复杂反应，会生成一种叫作水胆矾的物质，它呈现漂亮的翠绿色：

$$4CuO + SO_3 + 3H_2O == Cu_4(OH)_6SO_4$$

正是碱式碳酸铜和水胆矾，让自由女神像的外观由棕黄的铜色变为蓝绿色。第一次变绿时，有人提出要给它刷一层漆把颜色变回来，不过后来专业人士指出，其实**这层铜绿就是一个非常好的保护层，能够恰到好处地把金属和空气隔绝开**，所以并没必要去多此一举。于是重刷的女神像外层的计划被搁置，事实上，大家也都接受并喜欢上了它的新外观。

这一点与铁生锈不同。三氧化二铁比较疏松，不能阻止空气和内部的铁继续反应。

　　自由女神像的铜壳历经一个多世纪风霜雪雨，只磨损了5%，是非常了不起的成就，从这一点来说，不能不赞叹其制造者的深思远虑。自由女神像最初的设计师是一位名为巴托尔迪的大雕塑家，他做出了整个塑像的外观，但真正把塑像建成却要依仗另一位建筑工程师埃菲尔——没错，就是设计埃菲尔铁塔的埃菲尔。

　　这位举世闻名的工程师当时面临的难题是：用什么把这个46米高、81吨重的铜壳立起来？作为一个空心像，它其实挺薄，强度不足以支撑自身，另外还要经受大风的考验，必须给它做一个支架。而在一百多年前，可以选择用来做支架的材料并不是那么多，最合适的几乎只有钢材这一种。事实上，建造者们最终确实选了**不锈钢**，在自由女神像内部做出类似铁塔的精巧结构。

　　这个结构能解决支架的问题，却带来了另一个隐患。外层的铜和里面的钢铁架放在一起，暴露于空气中，形成了一个天然的伏打电堆，会发生叫作"伽伐尼腐蚀"的化学反应：电子从电负性高的金属（铁）传到电负性低的金属（铜）上，在这个过程中形成电流，而失去电子的金属（铁）则渐渐被腐蚀破坏。

　　当然，伏打电堆的工作原理于19世纪早期被发现，埃菲尔不可能不知道这一点，为了防止腐蚀发生，他把一层覆盖着沥青的石棉隔在铜壳和铁架之间，形成绝缘层，认为这样就万无一失了。

不锈钢有较好的耐腐蚀性和较高的硬度，这些性质让它适宜用作支架。

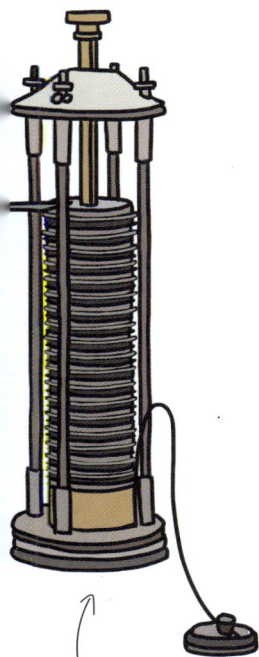

埃菲尔没想到的是，自由女神像落成后的几十年里，不断有人以保护的名义，在里头刷漆，一层层的漆越刷越厚，也把大量水分保存起来，变成铜和铁之间传递电子的通道。以至于到了20世纪80年代初，法、美两国不得不成立修复委员会，花掉数年时间，动用大量技术人员，给它做了个除锈大手术，并替换掉绝大部分的铆钉、螺栓、肋梁，把原来的石棉层换成特氟龙的……这才赶在了1986年自由女神像竣工百年庆典时，让它以焕然一新的面目出现，并继续接受此后漫长岁月的环境考验。

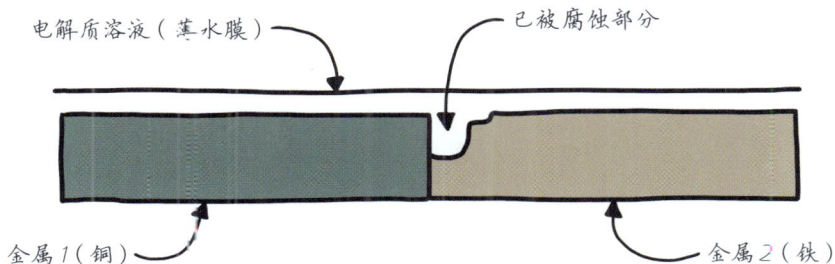

伏打电堆。

电解质溶液（薄水膜） 已被腐蚀部分

金属1（铜） 金属2（铁）

对抗腐蚀，人类有哪些招？

■ 孙亚飞

夏天，最解暑的事情莫过于从冰箱里取出一罐罐可乐、雪碧或是凉茶。人们对这样的场景已经司空见惯，可是很少有人知道，包装这些饮料的易拉罐，其技术含量可能丝毫不亚于制造飞机零件。

易拉罐的主体是由金属**铝**构造的，可如果我们真的取一小块铝片放到可乐里，用不了多久，铝片上就会产生由氢气构成的气泡，最终整个铝片都会溶解到可乐中去，因为铝这种材料非常容易被腐蚀。然而，易拉罐居然可以在这样的饮料中浸泡并安然无恙。

> 铝和水反应在一开始就会生成致密的氧化膜阻碍反应进一步进行。虽说铝罐不可以放可乐，但是装水还是可以的。

这多亏了易拉罐内部薄薄的一层涂膜。通常情况下，我们并不会注意到这层薄膜，因为它实在是太薄了，厚度还不及头发丝直径的1/10。不过，就是这层膜阻断了可乐与易拉罐相接触，于是铝制的易拉罐就能"幸免于难"了。

用保护层隔绝金属和腐蚀性液体或气体接触，这是最常见的一种防锈手段。在日常生活中，有一种常用的合金叫作马口铁，其实就是铁裹覆了一层金属锡。更为常见的是油漆，涂抹在金属表面，也是为了防止金属和空气或水接触，这样就不容易生锈了。

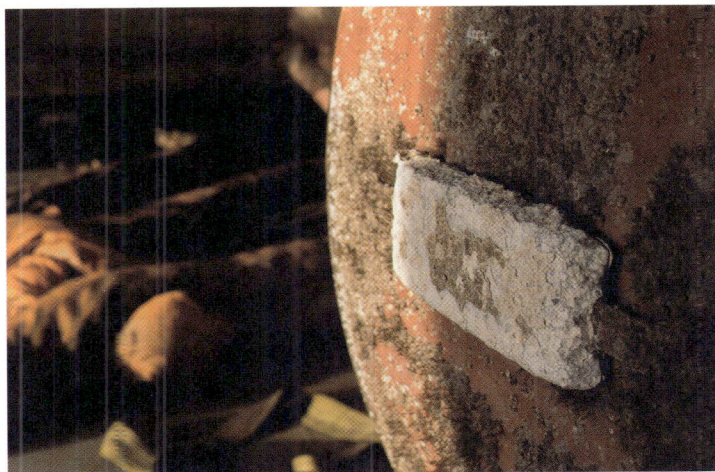

船壳上贴的阳极金属。

不过，用涂层的方式防锈，也有不少缺点，比如给易拉罐的内部喷涂料，如果有些地方没有覆盖到，那就很容易因为生锈导致强度下降，这只易拉罐便会化身一颗"定时炸弹"。

还好除了保护层之外，还有一种名为阴极保护的防锈手段，常年泡在海水里的船只就要依靠这种办法。

我们知道，把一块铁片放到硫酸铜溶液里，铁片就会置换出其中的铜，因为铁的金属活动性要强过铜。如果把两个金属活动性不同的金属放到一起（比如铁和铜贴合在一起）呢？我们会发现，铜没那么容易生锈了，可是铁却生锈得更快了。同理，如果在铁皮上焊接一块比铁更活泼的金属锌，那么铁皮就会变得稳定，就是要"牺牲"金属锌了。

这一原理被称为"阴极保护"，两种不同的金属就好比是一个电池的两极，阳极金属自身发生腐蚀，让阴极的金属得以存续。所以，当我们再看到船壳上焊接的锌块时就不必感到奇怪了，是它们让船舶能够抵御强腐蚀性的海水。

船体所用的是牺牲阳极的阴极保护法。除此之外，还有一种外加电流的阴极保护法。

但这还不是最保险的办法。

很多年以来，人们都以为生锈是大多数金属的永恒宿命，只有金、铂、铱等少数金属可以逃脱，即使是银、铜、水银这些比较稳定的金属，只要条件适合，它们也还是会生锈，至于铁，生锈就如同瘟疫一般蔓延不止。

直到1914年，历史才被改写——英国工程师哈里·布里尔利给这个世界带来了一种全新的合金，虽然主体还是铁，可就算放到盐水里，这种合金却仍然光亮如新，于是布里尔利将它称为

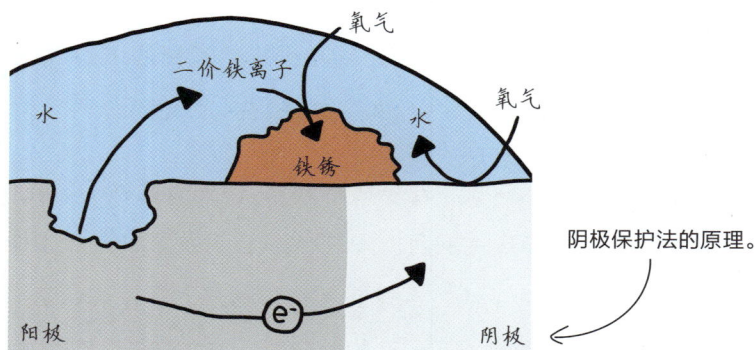

阴极保护法的原理。

"Stainless Steel"，也就是大名鼎鼎的"不锈钢"。

不锈钢之所以不会锈，是因为在金属铁中加了一些铬，有时还有一些其他金属，它们在合金表面形成的致密保护层，如同金属自身的免疫系统一般，让生锈这个"瘟疫"也无可奈何。

如今，我们的生活已经离不开不锈钢，这一切都受益于它最重要的特性——不会生锈。

尽管如此，人类仍然不敢说已经战胜了生锈这个魔鬼，或许，防锈将会成为人类史上耗时最久的一场"战争"。

知识点

当前世界上每年因腐蚀而报废的金属设备和材料相当于年产量的20%~40%，防止金属腐蚀已成为科学研究和技术领域的重大问题。

水里能造糖，天上能放光……

■ antares

你知道吗？锶——现在主要应用在显像管和烟花中的元素——曾经被用来制糖。

18世纪末、19世纪初是新元素被不断发现的年代。自从1789年**拉瓦锡**提出了"元素"这个概念，此后的20年里，新元素以几乎一年一个的速度被发现，而这之中就有锶。1790年，有人发现苏格兰小镇Strontian的矿石中包含一种新的元素。1793年这一发现获得确认，人们把它命名为锶（strontium）。1808年，著名化学家戴维用电解法制备了碱土金属（即元素周期表的第2列）单质，锶和镁、钙、钡这些"兄弟"正式展现在世人面前。

> 拉瓦锡被称作"现代化学之父"。除了提出元素的概念外，他还提出了氧化学说，验证了质量守恒定律等。

同时，19世纪也是制糖工艺发生翻天覆地的革命年代。象征新大陆的甘蔗，象征欧洲本土的甜菜，资本、工业化、科学、专利——用这些关键词，恐怕能写出一部长篇冒险小说。无论是以甘蔗还是甜菜为原料，制糖的时候都会产生一种叫**糖蜜**的下脚料。在这个背景下，带着资本主义色彩的科学家们的目光也落到了糖蜜身上。

正如其名，糖蜜中实际上还是包含一定的蔗糖，但是因为和其他物质结合在了一起，无法直接通过蒸发的手段继续结晶。甘蔗糖蜜中大约有8%的蔗糖，而甜菜糖蜜中蔗糖量更高，能达到50%。那么如何利用这些含糖量很高的甜菜糖蜜呢？在实验室里，我们可以往甜菜糖蜜中加入1:1的**冰醋酸**，静置12小时，就会有小颗粒的蔗糖晶体结晶出来，并且纯度相当高。但是，因为没有找到有效的方法回收冰醋酸，这个办法没能在实际工业生产上使用，直到锶法制糖的出现。

红糖是糖蜜没有分离完全的一种糖。过去红糖是生产白糖的中间产品，而现在由于制程的改进，一般直接生产出白糖，再添加糖蜜制得红糖。

冰醋酸也就是乙酸，它是食醋的主要成分。

$$C_{12}H_{22}O_{11} \text{(纯)} \rightarrow \boxed{SrCO_3} \quad (C\text{(煤)} + H_2O\text{(水蒸气)}) \xleftarrow{\text{加热、催化剂}}$$

$$\downarrow CO_2$$

$$[SrO(C_{12}H_{22}O_{11})]\text{(溶液)} \qquad SrO$$

$$\uparrow -C_{12}H_{22}O_{11} \qquad\qquad \downarrow H_2O$$

$$[SrO(C_{12}H_{22}O_{11})_2]\downarrow \qquad Sr(OH)_2$$

$$\qquad\qquad C_{12}H_{22}O_{11}\text{(糖蜜)}$$

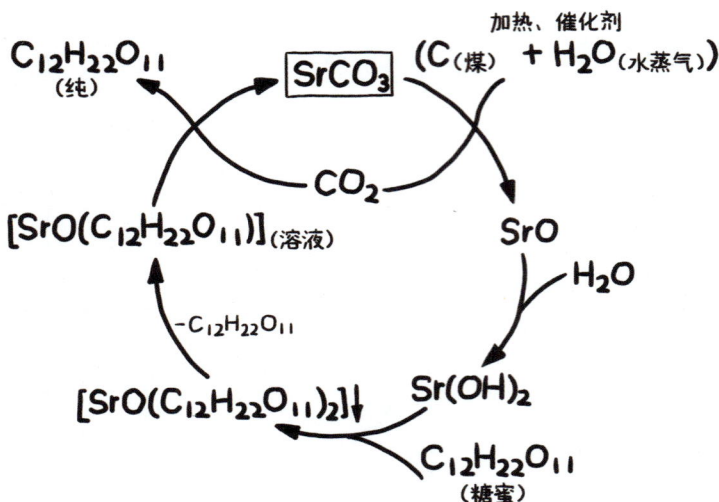

锶法制糖流程图。氧化锶与蔗糖能以不同配比结合成多种化合物，图中仅表示了1:2结合后的流程。

　　1849年，法国化学家首先注册了锶法制糖的专利。这项工艺在1869年被带入德国，之后被德国化学家卡尔·谢布勒改良。碳酸锶矿石在存在水蒸气的环境下煅烧后可以获得氢氧化锶。将氢氧化锶加入接近沸腾的糖蜜里，它就会和蔗糖反应生成难溶于水的蔗糖酸锶。虽然难溶于水，但是蔗糖酸锶可以溶解在氢氧化锶溶液里。再将二氧化碳通入其中，就可以还原成蔗糖溶液和碳酸锶沉淀。这样，在提取蔗糖的同时，大部分锶仍然可以循环使用。

　　对大多数糖厂来说，这项工艺不甚划算，**还不如把糖蜜直接拿去当饲料或是酿酒**。不过，德国本身有丰富的锶矿，因此谢布勒强烈推荐糖厂使用这项技术增加糖的产量。在第一次世界大战之前，甜菜制糖每年会使用10万~15万吨氢氧化锶。直到20世纪初，这项工艺仍在使用，不过用的是更廉价易得的钙而不是锶。

糖蜜是制作朗姆酒的主要原料。

是不是跟你想的不太一样……没错，这勺沥青一样黑乎乎的黏稠液体就是糖蜜了。

锶的另一种常见的用途是制造烟花，烟花绚丽的色彩主要利用了金属的**焰色反应**。当金属及其盐类燃烧时，原子中的电子吸收了能量，会由能量较低的轨道跃迁到能量较高的轨道上，但是这些电子并不稳定，很快就会以光子的形式辐射出来。由

焰色反应是因为原子中电子能量的改变而产生的，它是一种物理变化。

于它们的能量变化各不相同，所以不同金属燃烧时发出的光的颜色也各不相同。例如铜元素燃烧是绿色的，钠元素燃烧是黄色的，铯元素燃烧是浅紫色的，而红色的烟花，则是放入了锶盐之后的结果。

随着科技的发展，锶的用途也在不断变更，只有制作烟花这一用途从古至今一直没变，它鲜红的焰色反应在夜空中一直都格外动人。

知识点

很多金属或它们的化合物在灼烧时都会使火焰发出特殊的颜色，这在化学上被称作焰色反应。

干翻坦克的化学实验

■ 代丽

在游戏《使命召唤：二战》诺曼底登陆夺取493高地的战斗中，美军的轻装步兵小队，遭遇了号称第二次世界大战最强坦克的德国虎式坦克。面对这个约60吨的庞然大物，主人公丝毫不慌，掏出手榴弹轻松将其摧毁。

其实玩家用手榴弹干掉虎式坦克，也不单靠主角光环。这种像烟花一样（化学老师：像镁条燃烧一样！）绚丽而凶猛的手雷，在第二次世界大战期间是真实存在的。它的主装药并非烈性炸药，而是铝粉和氧化铁。就是这两种普通的物质，产生了2000多摄氏度的高温，烧穿几厘米厚的均质钢板不在话下。它们发生的化学反应，叫作**铝热反应**。

铝热剂（铝粉和难熔金属氧化物的混合物）在高温条件下发生剧烈反应，并放出大量热的反应被称为铝热反应。

$$2Al + Fe_2O_3 \xrightarrow{\text{高温}} Al_2O_3 + 2Fe$$

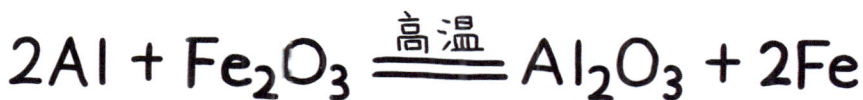

铝热反应是一种典型的氧化还原反应，反应中单质（铝粉）还原金属氧化物（氧化铁），获得高温和金属单质。根据相对分子质量可知，铝粉与氧化铁的质量配比大概是1:3。

一般温度需要超过1250℃。

铝热反应初期需要大量的热来引发，将铝粉和一定量的高熔点金属氧化物混合后，用镁条引燃，反应剧烈并放热，发出耀眼的光芒，体系温度可达2500~3500℃，能够轻松将铁（熔点1538℃）熔化。最终生成物为氧化铝和灼热的铁水。

除此之外，另外一些<u>单质</u>与氧化物混合之后点燃，也会发生强烈的氧化还原反应，效果类似于铝热反应。其中的单质可以是金属，如铝、镁、钙、钛等，也可以是非金属，如硅、硼等，而氧化物可以是三氧化二硼、二氧化硅、三氧化二铬、二氧化锰、三氧化二铁、四氧化三铁、氧化铜和四氧化三铅等。而这些反应也因为反应中的还原剂得名，如"镁热法""硅热法""钙热法""碳热法"，等等。

单质是指由同种元素构成的纯净物（如铁、氧气等）；化合物是指由不同种元素组成的纯净物（如水、二氧化硫等）。

除了做手雷，铝热反应还有什么用处呢？这就要拿反应获得的高温和金属单质做文章。

铝热反应过程中放出的热可以使高熔点金属熔化并流出，因此广泛地运用于焊接抢险工程。随着国内的高铁网络越来越发达，高铁成为非常便捷的出行方式，而在高速铁路的建设中，就需要铝热反应来把一段一段的短铁轨连接成最后的长铁轨。另外,铝热法也是冶炼钒、铬、锰等高熔点金属的重要手段。

铝热剂已经很厉害了,近年来又出现了功能更加强大的纳米铝热剂,又称超级铝热剂。把铝热剂制成极细微的纳米粒子,可以显著增加表面积,使得反应活性更强。超级铝热剂的反应速度和能量释放最大可达一般铝热剂的千倍以上,可以作为汽车安全气囊的气体发生剂、接触式爆炸发射药、环境友好型弹药雷管、电点火具等,并有望在弹药销毁、火工药剂、微型推进器、纳米焊接和推进剂中发挥重要作用。

由于铝热反应太过凶猛,在日常生活中使用的机会并不多。有个经典反例供参考:《生活大爆炸》第九季中,几个科学怪咖因为车轮上的一个螺母拧不掉就动用了铝热反应,后来……

最后,友情提醒:

1. 珍爱生命,不要轻易尝试铝热反应实验!

2. 如果没忍住,记得铝热剂少一点,镁条长一点,而最重要的一点就是,跑得远点!

知识点

氧化还原反应

得电子被还原,发生还原反应。

氧化剂 + 还原剂 ⟶ 还原产物 + 氧化产物

失电子被氧化,发生氧化反应。

餐桌上的乳浊液

■ 窗敲雨

想来一盘沙拉吗？你想要油醋汁还是蛋黄酱？观察这些沙拉调味品，正是了解乳浊液的好机会。

让我们先来看看油醋汁。这种调味汁主要由醋和橄榄油组成，在静置时它总是分成两层，油层漂在水溶液之上，不会混溶。如果想要比较均匀地倒出油和醋，可以先把瓶子里的油醋汁用力摇一摇。这时候，我们会看到液体暂时变成了比较均匀的样子——油脂变成小油滴，分散在了水溶液当中，这就形成了一个临时的**乳浊液**系统。

乳浊液指两种不相溶的液体组成的分散系。

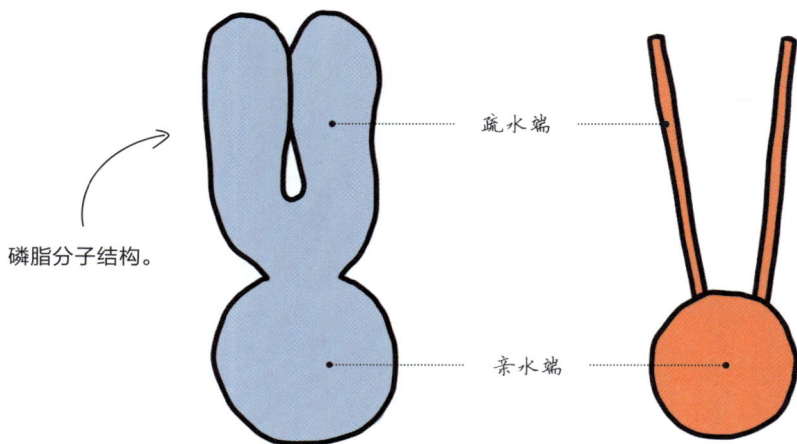

磷脂分子结构。

疏水端

亲水端

不过，这种均匀分散的状态在油醋汁中是无法长久存在的。只要静置瓶子，油和水溶液的部分总是很容易就再次分离了。

而如果在系统中加入**乳化剂**，则能让乳浊液更长时间保持均匀稳定的状态，蛋黄酱的情况就是如此。酱如其名，蛋黄酱主要是用蛋黄与植物油制成的，在经过充分的搅拌之后，植物油会变成小小的油滴分散在水中，而蛋黄中的卵磷脂起到了乳化剂的作用，可以让蛋黄酱长时间保持乳化的状态。

乳化剂能使两种或两种以上互不相溶的混合液体形成稳定的乳状液。

磷脂是一类广泛存在于生物体内的天然表面活性剂，它的分子中同时具有亲水和疏水的基团，这种性质使得它可以帮助油滴稳定地分散在水中，同时也是构成细胞膜结构必不可少的条件。

除了蛋黄酱之外，很多甜点在制作时也会利用蛋黄作为乳化剂。在制作甜点的过程中，人们经常会将黄油、植物油之类的油脂成分首先与蛋黄进行混合，再加入其他原料，这样油脂就可以变成小油滴均匀地分散在原料中，避免分层。

两亲性表面活性剂分子结构

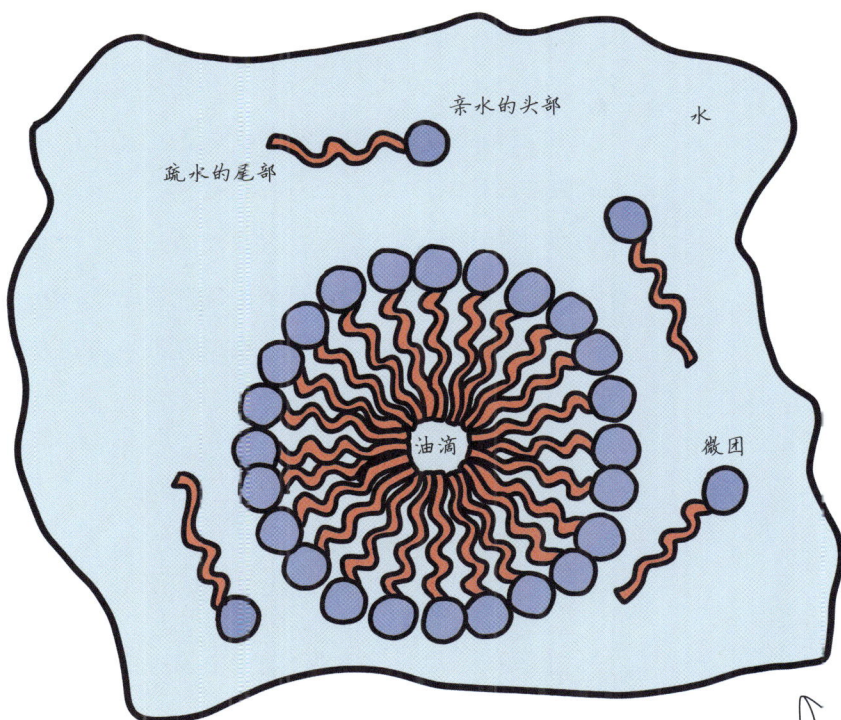

表面活性剂的排列呈球状，亲水基朝外，疏水基朝内，在它们的内部包裹着小油滴。

生活中常见的乳浊液还有洗涤剂。

蛋黄酱尝起来并没有直接吃油那样"腻"的感觉,这是因为乳化减轻了油腻的感觉。蛋黄酱含水量并不多,**却是"水包油"型的乳浊液**,我们的舌头首先接触到的是小油滴外面的水分。不过,蛋黄酱中的油脂含量其实是很高的,甚至可以达到总重量的70%~80%。因此,如果在食物中加入很多蛋黄酱调味,不知不觉中就增加了热量摄入。

为了让蛋黄酱变得健康一点,生产者也推出了各种低脂肪,甚至无脂肪版本的产品。但是,做出低热量又美味的蛋黄酱其实是件很难的事情,因为油脂是蛋黄酱中用量最多的原料,它对蛋黄酱的质感和风味都非常重要。为了让降低油脂的蛋黄酱依然保持浓稠状态,这些低脂肪产品中会添加改性淀粉、黄原胶等增稠剂。遗憾的是,虽然看起来和普通的蛋黄酱没有什么差别,但低脂肪蛋黄酱的味道却总是没办法达到原版水平。对于蛋黄酱爱好者来说,美味和低热量至今依然难以两全。

知识点

小液滴分散到液体中形成的混合物叫作乳浊液。乳浊液不稳定,静置后会分层。

玻璃瓶能预测天气吗?

■ 孙亚飞

有一种叫作"天气瓶"的小玩意儿在网络上很流行。网上的介绍说,这种装在玻璃瓶里的透明溶液会随着天气的变化长出各种漂亮的结晶,从**结晶**的形态还能看出是否要阴天或下雨。这个小瓶子真有反映天气的神奇功能吗?

> 结晶的过程是指溶液过饱和时,溶质以晶体的形式析出。

天气瓶是什么?

大约在18世纪末期,一种被叫作"风暴瓶"的天气预报器出现了,随后在19世纪还得到了不少科学界人士的改进。在风暴瓶的"研发史"上,最值得一提的人物是菲茨罗伊船长,正是他指挥的三桅帆船"小猎犬号"带着达尔文进行了那次著名的环球考察。而

外界温度改变,天气瓶内会呈现不同状态的结晶。但它只是能反映环境温度的变化,并不能进行天气预报。

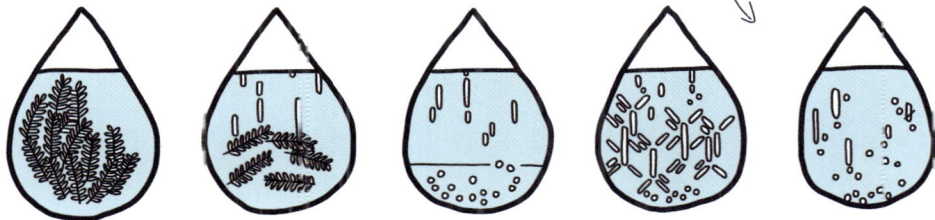

硝酸钾的溶解度随温度变化很大，温度越高，硝酸钾溶解度越大。

少有人知的是，菲茨罗伊船长还是一位气象学家，他进行了很多天气预报和监测工作。

菲茨罗伊也确定了风暴瓶的基本配方：蒸馏水、乙醇、樟脑、**硝酸钾**与氯化铵，并将它用在了"小猎犬号"的航行当中。

根据当时的记载，人们相信这种配方的风暴瓶可以预测晴天、多云、风暴、大雾及下雪等多种天气状况。据说判断天气的方法也非常简单：如果瓶中清澈，那就会是晴天；如果呈现云状，那就代表多云；倘若云状液体还拖着星状分布的沉淀，那就是风暴要来了。

结晶能反映天气吗？

同一瓶溶液，为什么会出现不同的结晶形态？

晶体生长受很多细节因素影响。一般来说，分析晶体生长的情况，主要需要考虑溶质自身的特性、溶液体系、溶质浓度、温度及**温变速率**等参数，实验室里长晶体 [注：长（zhǎng），培养晶体]，通常也是从这些参数着手，添加不良溶剂、挥发、

顾名思义，温变速率就是温度变化的速率。它的单位是开尔文每分钟。

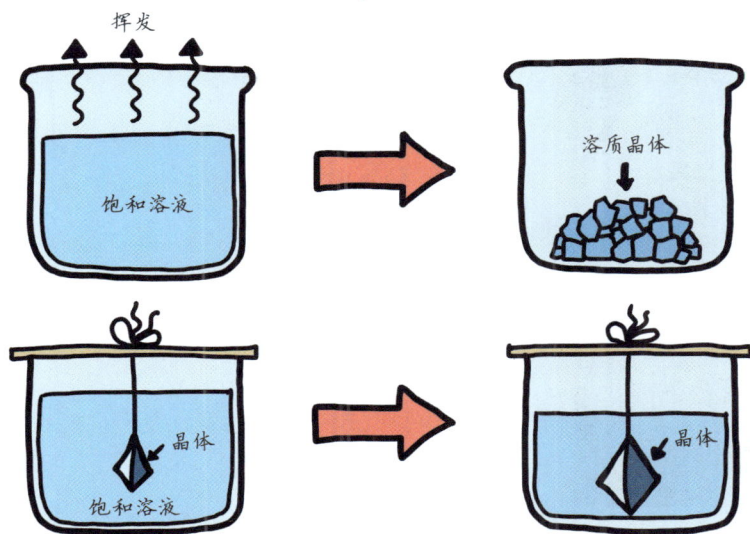

结晶

挥发

饱和溶液

溶质晶体

晶体

饱和溶液

晶体

蒸发溶剂和冷却热的饱和溶液，都是获得晶体的常用方法。

降温、控制晶核都是常见的方法。有时候，电场、磁场、加压等方式也会用于调整晶体生长。但即便如此，还是会出现很多意外，比如一粒肉眼看不见的PM10灰尘掉落到过饱和溶液里，这个突然出现的晶核就可能立即打乱之前的所有工作。

具体到天气瓶来说，到底有哪些因素影响它的结晶呢？日本科学家长岛和茂带领的研究团队曾专门做实验，对天气瓶的结晶条件和结晶成分进行了验证。X射线衍射结果显示，天气瓶中美丽的结晶就是樟脑晶体，氯化铵与硝酸钾在这个体系中并不会发生结晶，但它们的存在有助于形成晶核。实验还发现，环境电场、磁场、湿度、气压这些因素对瓶中晶体的生长都没有影响，真正产生影响的主要因素就是环境温度及温度变化的速率。

在这个体系中，樟脑会在20~30℃区间内发生结晶，也

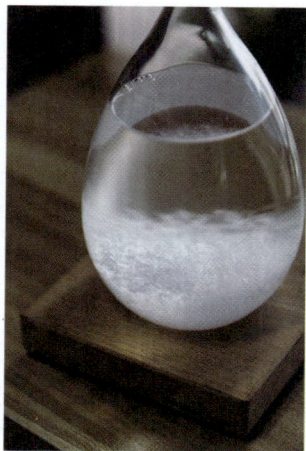

天气瓶。

就是说当温度从30℃开始下降时，就有可能出现结晶了。降温速率可以极大地影响结晶的形状，简单来说，如果降温速率很快，结晶体倾向于形成更多更长的分支，最终就像雪花一样，而降温很慢时，则倾向于长成带有一些簇状分支的针状晶体，看起来有点像鸡毛掸子。

由此可见，瓶中晶体的变化至多只能反映环境温度的变化过程，而气压、湿度等其他预报天气的关键指标都无法得以体现。如果真要观察天气，天气瓶的作用恐怕还比不上一支温度计呢。

知识点

热的饱和溶液冷却后，溶质以晶体的形式析出，这一过程叫结晶。

不饱和溶液 $\xrightarrow[\text{（增加溶剂或升高温度）}]{\text{增加溶质、蒸发溶剂或降低温度}}$ 饱和溶液 $\xrightarrow[\text{（冷却）}]{\text{蒸发溶剂}}$ 结晶

天空之镜，是盐赠的风景

■ 溯鹰

　　在南美大陆上，有一片晶莹如镜的神秘区域，它位于亚马孙丛林西侧，坐落在干旱的安第斯山脉间。这里的地表铺着洁白如雪的盐壳，盐壳上有着一层浅至脚踝的水，如同镜面，完美倒映着天空的景象，就像是真实世界与镜像世界的分界线。

　　当夜幕降临时，横跨天际的银河在水面上铺下倒影，置身其中的你，仿若漂浮于辽阔的宇宙——没有地平线，也没有尘世万物，整个世界好像只剩下你，以及与天空衔接的另一片天空。这奇幻的景色，让这片区域在游人心中赢得了"天空之镜"的美誉。

"天空之镜"的美景。

　　"天空之镜"的真名叫作乌尤尼盐沼（Salar de Uyuni）。盐沼是一类含盐量非常丰富的**滩涂地区**，往往形成于干旱和半干旱气候条件下。除了作为旅游胜地外，这类地表含盐量丰富的地区也备受工业界的青睐——在地表上，还能到哪儿去找盐类如此丰富，又便于开采的地区呢？

滩涂地区也被称作潮间带，指的是沿海高潮位和低潮位之间的地区和河流等常水位和洪水位之间的地区。

说起盐，人们往往会想到厨房里那些咸咸的、细小的粉末——氯化钠（NaCl）。而**广义上的盐**，是指呈电中性的**离子化合物**。甚至实验室里那些奇奇怪怪的药剂瓶也只能代表盐类王国里很小一部分成员。盐在地球上有多丰富呢？不妨这么说：我们脚下庞大的地壳，就是一个以盐为主体的圈层。

地壳主体90%以上是由7类造岩矿物组成：橄榄石、辉石、角闪石、长石、云母、方解石和石英。矿物是常温下呈结晶固态产出的天然化合物，这7大矿物中，除了石英（SiO_2）这种氧化物之外，剩下6种全都是盐，包括1种碳酸盐（方解石）和5种硅酸盐。

没有地平线、也没有尘世万物，整个世界好像只剩下你。

"盐湖"的盐同样也是自然界的矿物，只不过在这儿，特指地表蒸发条件下形成的"蒸发盐"。这类盐，以**硫酸盐**、碳酸盐及卤盐（以Cl^-、F^-为阴离子的盐）居多。由于盐湖里的阳离子主要是Ca^{2+}、Na^+、K^+，沉淀出的盐类，就主要以石膏（$CaSO_4$）、方解石（$CaCO_3$）、食盐（NaCl）和钾盐（KCl）为主。在地壳中占统治地位的硅酸盐，却一种都没出现。

造成这种奇怪现象的原因是硅酸盐的**溶解度**很低,相比之下,硫酸盐、碳酸盐和卤盐就易溶得多。在大气降水和地表水流无差别地侵蚀下,硅酸盐往往会坚强地撑下去,但溶解度更高的盐则会"率先投降",以离子的形式消散于水体之中,进而被河流或者**斜坡面流**带入湖泊富集下来。当气候从湿润转为干旱,湖泊中的水大量流失时,离子就会在逐渐缩小的水体中富集,超出溶解度范围,随后析出、沉淀,湖泊也逐渐从淡水湖变为盐湖乃至盐沼。

乌尤尼这片区域就是典型的盐沼,极目望去,地表铺着一层白茫茫的晶体,鲜有水分存留。只有在短暂的雨季,降雨暂时覆盖了盐沼的表面,才会在洁白的晶体平面铺上一层镜面般的薄水。由此而生的天空之镜,本质上是一片晶体之镜。这个古老大湖消亡后的遗迹,不仅映照着茫茫空间的斗转星移,也见证了地质变化的沧海桑田。

斜坡面流是雨水、冰雪融水在地表斜坡形成的薄层片状细流。

溶解度是衡量溶质溶解能力大小的标志。固体溶质的溶解度是指在一定温度下,某固态溶质在 100g 溶剂里达到饱和时溶解的质量。

知识点

在一定温度下,向一定量溶剂中加入某种溶质,当溶质不能继续溶解时,所得溶液叫作这种溶质的饱和溶液。随着饱和溶液中的溶剂减少,溶质将析出。

亿年地下之旅,重归水的怀抱

■ 溯鹰

要问神州大地有什么盛景,发育于中国西南的**喀斯特地貌**,一定榜上有名。且不说那壮阔的天坑、奇幻的溶洞、幽深的暗河,一句"桂林山水甲天下",就把喀斯特地区的魅力概括得淋漓尽致。

在中国,喀斯特地貌主要分布在桂、黔、滇等省区。

通过"喀斯特"这三个稀奇古怪的字,很难猜到它到底是什么意思——这是英文"karst"的音译。中文里对应的名词"岩溶"更好理解,即"可溶性岩石在水作用下发生溶蚀","岩溶地貌"即"岩石被溶蚀而形成的地貌"。我国西南地区岩溶地貌的出现,得益于三个重要的条件:降水充足;石灰岩地层出露丰富;地质运动频繁。缺了这三个条件中的任何一个,岩溶地貌都无法形成。

桂林山水。

园林中常见的假山怪石也是岩溶的产物，古代小说中常提到，这些石头要从南方一路运到都城。

先说说第一个条件：降水充足。举个生活中的例子：食盐（氯化钠）是由许多小小的晶体堆成的，把盐放入碗里并倒入水，食盐就不见了。其实，食盐并不是消失了，而是溶解在了水里。在晶体状态下，钠离子和氯离子就像被"铁丝"串着的一个个小球，这根"铁丝"的学名叫离子键。当它们进入水中后，**离子键**消失，钠离子和氯离子就可以在水中自由地"游来游去"。

"盐溶"如此，地球表面的"岩溶"也是这样。要想把岩石溶掉，首先得有水。在干燥的沙漠或者冻土带里，连丰沛的流水这个条件都满足不了，又何谈"溶"呢？这也是岩溶地貌一般不发育于高纬度地区的原因。

有水之后，溶解谁、不溶解谁，也是有讲究的。为什么水能把碗中的食盐溶解掉，却不能溶解掉碗？因为碗的材质一般是陶瓷、金属或者塑料，**溶解度**比食盐小太多。岩石也一样，只有当一个地区布满容易被溶解掉的岩石类型时，流水才能顺利地发挥它们的"才能"。

> 离子键是阴阳离子之间通过静电作用形成的化学键。

> 以食盐为例，20℃时，100g 水中最多溶解 36g 食盐。

比起地表其他常见岩石，以碳酸钙为主要成分的石灰岩可以说是最容易被溶解的岩石类型了。虽然碳酸钙一般被当作不溶的沉淀物对待，但天然水中含有一定量的氢离子。有了它们的帮助，碳酸钙在天然水的长期溶蚀下，被拆成了可以在水中自由流动的钙离子和碳酸氢根离子（$H^+ + CaCO_3 \Longrightarrow Ca^{2+} + HCO_3^-$），肉眼看上去，自然就是这些石灰岩慢慢"消失"了。

但是，绝大多数石灰岩是海洋的特产，身居内陆的西南地区，如今并不能形成石灰岩。如今保存在西南地区地表的那些石灰岩，都是在2亿~5亿年前的远古时光中缓缓沉淀的。在悠久的岁月里，这些古老的海洋遗迹，会被缓慢地埋入数千米深的地下。但有一种力量可以让它们重见天日，那就是**构造运动**强大的抬升力。石灰岩来到地表之后，南方地区丰沛的降水就开始对它们进行溶蚀。这些由远古海洋孕育的遗迹，在历经亿万年的地底之旅后，又用岩溶这种方式，重新回到了水的怀抱。

在岩溶地貌区中，经常可以看到岩石里含有海螺或者贝壳的化石。

这片怪石嶙峋的海岸位于意大利与斯洛文尼亚边界的喀斯特地区，没错，这就是"喀斯特"得名之地。

石笋是怎么"长"出来的?

■ 溯鹰

说到钟乳石和石笋,我们大概会想到幽深莫测的洞窟、形貌嶙峋的怪石、阴暗湿冷的地下河,以及洞壁上滴答、滴答,仿佛来自另一个世界的水声……这些自然奇观,我们在日常生活中难得一见,自然也就蒙上了一层神秘的面纱。但如果我说,这些神秘的怪石,其实跟家中茶壶里的**水垢**本质上属于一种东西,你会做何感想呢?

钟乳石和石笋皆由碳酸钙($CaCO_3$)构成。碳酸钙这种简单的化合物是中学化学实验室里的常客、**石灰厂烧制石灰**的原料,也是我们家庭大理石地砖的主要成分。这样一种随处

> 硬水煮沸后所含矿物质附着在容器上,形成了水垢。水垢主要成分有碳酸钙、氢氧化镁等。

> 石灰的主要成分是氧化钙。碳酸钙在高温条件下可以生成氧化钙和氧气。

> 溶洞是由雨水或地下水溶解侵蚀石灰岩层所形成的空洞。

怪石嶙峋的溶洞。

可见的普通物质，之所以能形成如此奇特的地貌，其背后原因很简单——溶质的析出。

固体或液体溶质的溶解度，是指在给定的温度和压力条件下，**在100g溶剂中最多能够溶解的溶质的质量**。当溶液已经饱和时，如果继续往里头加入溶质，多出的那部分就只能静静地以沉淀物的方式在水底待着了。如果在饱和溶液中移去一部分溶剂而保持溶质不变，同样会有多余的溶质从剩下的溶液里析出。形态怪异的钟乳石，正是"析出"的产物。

气体溶质的溶解度是指在101.325千帕气压和一定温度下，气体在100g溶剂中达到饱和状态时被溶解的体积。

钟乳石只能发育在石灰岩地区。而石灰岩的主要成分恰恰是碳酸钙。在漫长的地质历史中，构造运动的力量，让天然岩层中布满了各种裂隙，而水是无孔不入的。无论是降雨还是地下水，一旦遇到这些岩层，就会沿着裂隙渗入，一点点溶解裂缝壁上的石灰岩（碳酸钙），经过一系列化学反应，裂缝最终变成了巨大的地下空洞，**溶洞就这样形成了**。

溶洞的形成是一个极其漫长的过程，至少需要 30 万年以上。

下雨天，有时雨滴会在屋檐下一直挂着，可能挂很长时间，直至彻底蒸发都不会落向地面。溶洞壁上的水滴也是如此。在溶洞形成后，水还会继续慢慢沿着洞壁上的裂缝渗出，别忘了，这滴"水"是碳酸钙的溶液，当它缓慢蒸发，逐渐达到饱和，其中溶解的碳酸钙便会沉淀下来，形成一颗挂在裂缝边缘，形状跟原始液滴差不多的沉淀物—— 这就是钟乳石

钟乳石和石笋形成的示意图。

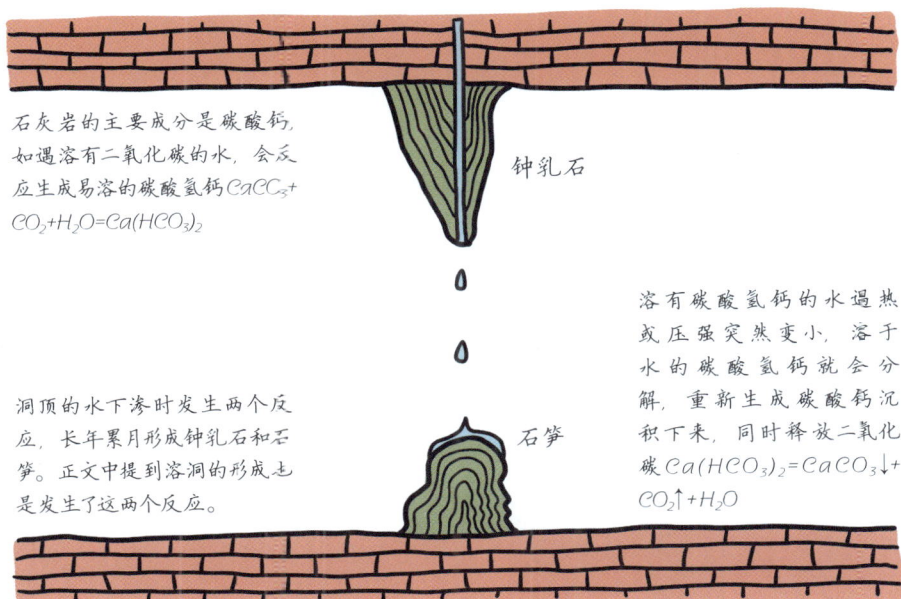

石灰岩的主要成分是碳酸钙，如遇溶有二氧化碳的水，会反应生成易溶的碳酸氢钙 $CaCO_3 + CO_2 + H_2O = Ca(HCO_3)_2$

钟乳石

溶有碳酸氢钙的水遇热或压强突然变小，溶于水的碳酸氢钙就会分解，重新生成碳酸钙沉积下来，同时释放二氧化碳 $Ca(HCO_3)_2 = CaCO_3\downarrow + CO_2\uparrow + H_2O$

石笋

洞顶的水下渗时发生两个反应，长年累月形成钟乳石和石笋。正文中提到溶洞的形成也是发生了这两个反应。

一滴水正从钟乳石的中央通道滴出。

的雏形。随着更多小液滴从此处滴下，沉淀物也在慢慢往下生长，久而久之，就长成了一根长长的碳酸钙沉淀物柱子。由于它长得形似钟摆，又是乳白色的，人们便把它叫作**钟乳石**。

钟乳石的年平均增长仅有 0.13mm。

那么，从地面往上生长的石笋又是怎么回事呢？很简单——并不是每颗小液滴都会老老实实地挂在洞壁上，很多时候，液滴会落到地面，当它们也一点一滴地蒸发，就形成了从地面往上生长的沉淀柱——石笋。

知识点

在一定量溶剂里溶质的溶解量有一定的限度，化学上用溶解度表示这种溶解的限度。

胃酸怎么没把胃腐蚀掉？

■ 猛犸

　　胃这个器官，有一项人体之最——酸性最强。胃里因为有胃酸，**pH值**一般为0.9~1.5，足以和比较活跃的金属反应放出氢气了（所以，自称有一个"铁胃"是很危险的"flag"）。不过在我们体内，胃酸的作用不是腐蚀点什么，而是帮助我们更好地消化食物。身体正常运转时，强酸性的胃液不仅不会伤到胃自己，上下游的器官也不会因它而受伤害。

> pH 值就是氢离子浓度的负对数。

　　让我们顺着整个消化过程来看看吧。

　　我们吃进一口食物时，发生了两件事。一方面，牙齿先撕开、研磨食物，**把食物变成容易消化的小块**；另一方面，嘴里唾液腺会分泌唾液，来让这些小块食物湿润起来，聚集成团，并在唾液淀粉酶的帮助下开始初步消化。

> 这个步骤可以增加后续参与反应时食物与反应物的接触面积，增加反应速率。

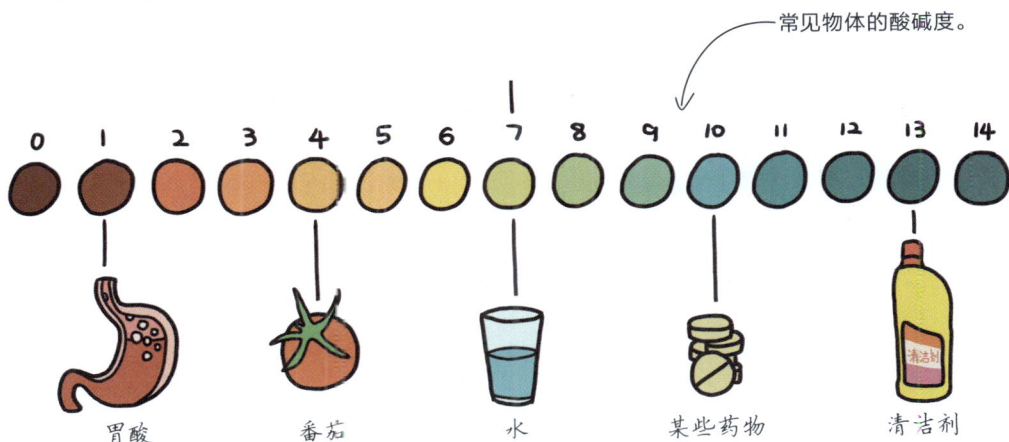

常见物体的酸碱度。

0　1　2　3　4　5　6　7　8　9　10　11　12　13　14

胃酸　　　番茄　　　水　　　某些药物　　　清洁剂

　　食物在混合了唾液之后，经过食道进入胃里，在这里暂时存放一段时间，同时开始消化蛋白质。肉类、豆类食物中富含的蛋白质，被胃蛋白酶分解成更小的分子，才能够被我们的身体吸收。不过，胃并不会直接分泌胃蛋白酶，而是分泌胃蛋白酶原。它需要在酸性的环境中才能转化成胃蛋白酶。胃壁上的壁细胞分泌的**胃酸**，就提供了这样的酸性环境，来帮助我们更好地消化。除此之外，胃酸还会进一步杀灭跟着食物进来的病菌，避免我们受到病菌的感染。

> 胃酸的主要成分是盐酸，也就是氯化氢溶液。

当无机的可溶物溶解在水里的时候，会以离子形式存在，**胃酸中含有大量的氢离子和氯离子**，相当于氯化氢的水溶液，也就是盐酸。在胃酸中，盐酸的质量分数为0.12%~0.5%，pH值为0.9~1.5，比食醋的酸性强得多。

> 所以说胃酸过多时，可以通过碳酸氢钠来缓解。碳酸氢根离子和氢离子反应，会生成水和二氧化碳。

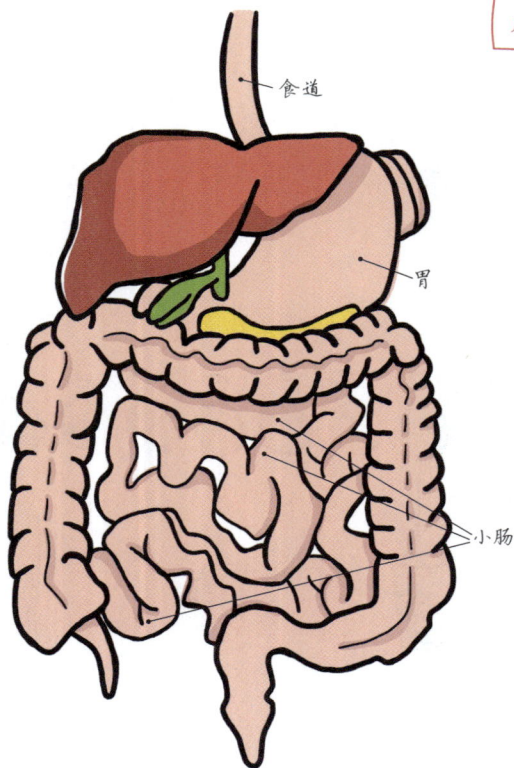

食道

肝

胃

小肠

那么，胃是如何保护自己不被腐蚀的呢？有两方面的作用。第一，胃壁上会有一层黏液，将胃酸与胃壁隔离开，避免胃壁细胞被胃酸腐蚀；第二，胃内壁的细胞会频繁地脱落和再生，平均每过三天，胃内壁上的细胞就会全部再生一次。也就是说，即使胃壁被胃酸腐蚀了也没关系，它很快就会恢复。

黏膜　　黏膜下层　　肌肉层

幽门

十二指肠

胃中的盐酸主要由壁细胞分泌，由胃腺排出。

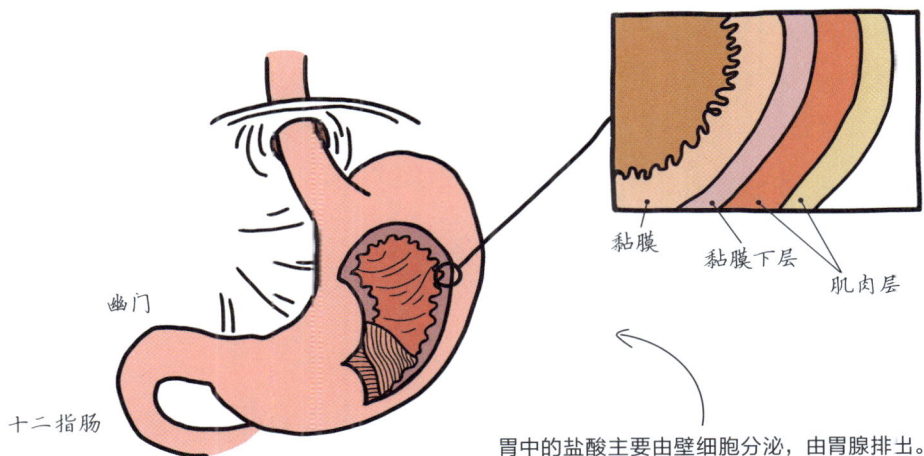

　　胃的下方连着十二指肠，上方连着食道。在食道和胃之间，有一个叫作贲（bēn）门的部分，当食物落进胃里的时候会打开。其他时候，贲门会关闭，避免胃液上流损伤食道——毕竟食道内壁不像胃内壁那样有重重保护。不过在一些情况下，贲门可能会关不严，胃液可能会向上流入食道而造成损伤，这时就需要去医院看看了。

　　在经过胃的混合搅拌之后，食物混合着唾液和胃液进入十二指肠中，进而在小肠内进行进一步的消化。**在十二指肠里，胰腺分泌的胰腺液也会加入进来，其中含有的碳酸氢钠会和胃酸反应，把盐酸变成氯化钠、水和二氧化碳。**这样，胃酸就不会腐蚀十二指肠和小肠了。

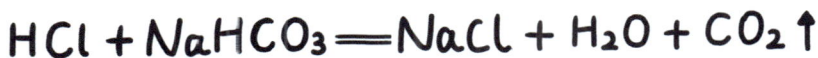

$$HCl + NaHCO_3 = NaCl + H_2O + CO_2 \uparrow$$

知识点

溶液的酸碱度常用pH值来表示；人体胃液中含有盐酸，可以帮助消化；酸碱可以发生中和反应。

吃东西会改变人体的pH值吗？

■ 刘璟

　　癌症只能在酸性体质中形成吗？体质偏酸，人容易疲劳、脸上长痘、头疼脑热、失眠多梦，甚至患上高血压、糖尿病吗？吃"碱性食品"可以改善身体状况吗？

　　可能是因为"酸碱""pH值"这些术语让人觉得具有科学性，再加上许多制贩保健用品的不良商家有心推波助澜，"酸碱体质""健康碱性食品"这类说法在网上流传甚广。那么，这些说法有道理吗？

人体真的有酸碱性吗？

　　当然有，不过说到具体数值，首先要看在哪儿。在这类因谣言传播而衍生出的无数版本中，有一点是相同的，那就是对人体"酸碱值"的测量对象含糊其辞。

　　人体有许多种液体：细胞内液、细胞外液（血浆、组织液和**淋巴液**），还有分泌的各种消化液、排泄出的汗液、尿液……不胜

> 组织液进入淋巴管后，就被称作淋巴液。除蛋白质以外，淋巴液成分与血浆相似。

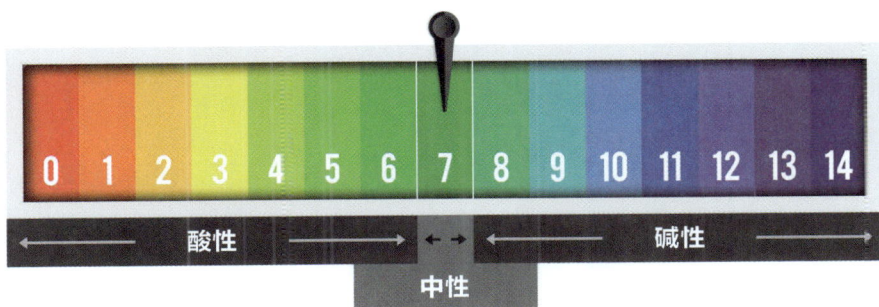

酸性 ← 中性 → 碱性

0 1 2 3 4 5 6 7 8 9 10 11 12 13 14

枚举。这些液体各有各的酸碱度，可以用pH值来统一衡量。**当pH值为7时，液体为中性；小于7时为酸性，值越小，酸性越强；大于7时呈碱性，值越大，碱性越强**。人体在正常生理状态下，血液的pH值保持在7.35~7.45，为弱碱性。胰液的碱性要比血液强一些，而同属消化液的胃液则酸性极强，pH值为0.9~1.5。

按照国际常规，检测体液酸碱度主要从静脉血、尿液、体内碱贮备和二氧化碳结合率四个方面进行测试，显然这些专业检测不是简单的家用仪器能完成的。那么我们是不是应该定期上医院检测自己血液的pH值，防止出现酸碱失衡呢？

粗略测定溶液的酸碱度常用pH试纸。用干净的玻璃棒蘸取被测溶液并滴在pH试纸上，用pH试纸显示的颜色与标准比色卡对照。

血液pH值有多稳

血液中含有多对缓冲酸碱度的物质。每对缓冲物质包括一种弱酸及其相应的弱酸盐。

首先，血液是个复杂且具有自我调节能力的系统。血液中含有碳酸氢盐、磷酸盐、血浆蛋白、血红蛋白和氧合血红蛋白等几大**缓冲系统**，这些化合物保证了在不停有物质释放进入血液又排除出血液的动态平衡中，只要不超过这些化合物的缓冲能力，血液的

pH值会始终在极小范围内波动。

人体有着精巧复杂的设计，除了血液本身的缓冲作用，消化系统、排泄系统、呼吸系统也都精密地控制着酸碱平衡。

就拿消化系统来说，小肠可以根据食物的成分来调节对胰液中碱的再吸收，从而来调节血液中碱的浓度。小肠还可以通过调节对食物中碱离子（例如镁、钙、钾等）的吸收来维持酸碱平衡。此外，大肠也能调节对含硫氨基酸及有机酸的吸收，一般含硫氨基酸和有机酸由消化系统进入肝脏等器官，经过代谢反应后生成氢离子（酸）或者碱离子，并释放到血液中。

再说说排泄系统。当血液带着代谢产物经过肾脏时，肾会像一个小型泵将酸性物质排出，并回吸碱性物质，同时还不断控制和调整酸性和碱性物质排出量的比例，以保持机体pH值恒定。

呼吸系统通过排出二氧化碳来维持酸碱平衡。二氧化碳是我们吃进去的糖、脂肪和蛋白质经过体内代谢反应后的最终产物之一，它能与水结合生成碳酸，这是体内产生的最多的酸性物质。因此我们的肺也没闲着，它是调节人体酸碱平衡效率最高的器官。

肺排出二氧化碳，在维持人体酸碱平衡中起到重要作用。

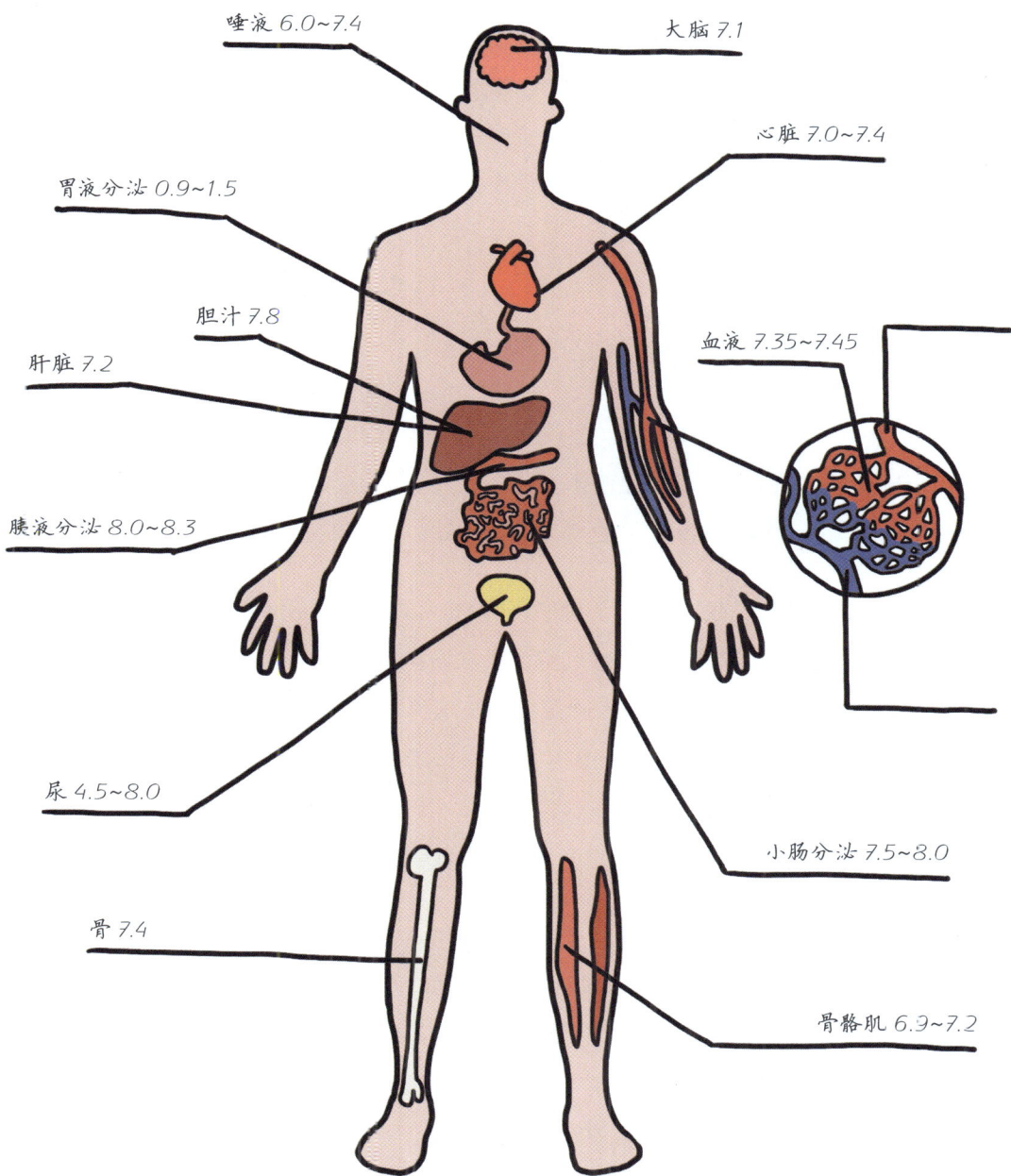

唾液 6.0~7.4

大脑 7.1

胃液分泌 0.9~1.5

心脏 7.0~7.4

胆汁 7.8

肝脏 7.2

血液 7.35~7.45

胰液分泌 8.0~8.3

尿 4.5~8.0

小肠分泌 7.5~8.0

骨 7.4

骨骼肌 6.9~7.2

人体各部位的 pH 值范围

血液的成分与酸碱值对人体非常重要。正因如此，我们身体有着重重调控关卡，来保证这个酸碱度不偏不倚。事实上，一旦人体血液pH值低于7.35，会发生酸中毒，而pH值高于7.45则是碱中毒。无论是酸中毒还是碱中毒，实际上都代表身体器官出现了严重的问题，甚至会有生命危险，必须立刻接受正规治疗。绝不可能靠吃些普通食物就改变"酸性体质"。

生病与人体的酸碱度有关吗？

先来说说大家最担心的癌症。癌症与酸性体质确实能扯上一点关系，但并不是"酸性体质"这个"恶因"诱发了恶性肿瘤，而是恶性肿瘤的生长会导致实体瘤周边微环境变酸。

科学研究发现，实体瘤周围微环境的pH值的确比正常组织和器官要低。这是因为肿瘤细胞比正常细胞生长快，血管供应的氧气和养料往往跟不上肿瘤细胞快速扩增的脚步。肿瘤细胞总是在缺氧和缺养料的微环境中生长，新陈代谢过程也与正常细胞不同，生成了更多的**乳酸**等酸性代谢产物，使得肿瘤组织周边的组织液pH值降低。然而，肿瘤细胞内部的pH值却是与正常细胞相同的。

乳酸的分子式为 $C_3H_6O_3$。

需要强调的是，实体肿瘤对体液酸碱度的影响只局限于肿瘤组织周边的微环境，并不会导致整个身体的体液都"变酸"。另外，曾有过淋巴瘤患者发生严重的乳酸中毒并发症的医学报道，但这在癌症患者中非常罕见。

至于谣言中提及的其他症状与酸碱失衡是否有关呢？事

实上，在正常生理状态下，人体酸碱失衡并不容易发生。**而一旦体液pH值低于7.35，已经属于酸中毒了**，这意味着非常严重的疾病。酸中毒早期常表现为食欲不振、恶心、呕吐、腹痛等症状，进一步发展可表现为嗜睡、烦躁不安、精神不振，以致昏迷死亡。如果你真的属于所谓的"酸性体质"，最正确的选择是赶紧上医院，找医生进行专业治疗。

碱中毒的判定很类似——pH 值在 7.45 以上时则为碱中毒。

酸中毒一般是某种疾病的并发症，病因也复杂多样。比如代谢性酸中毒可由腹膜炎、休克、高热、腹泻、肠瘘、急性肾功能衰竭等引起，而呼吸性酸中毒则可由脑膜炎、血栓、脊髓灰质炎、支气管哮喘及某些肺部病变引起，另外糖尿病酮症酸中毒是一种比较常见的糖尿病急性代谢并发症。如果你没有这些严重的疾病，不用担心自己是"酸性体质"。

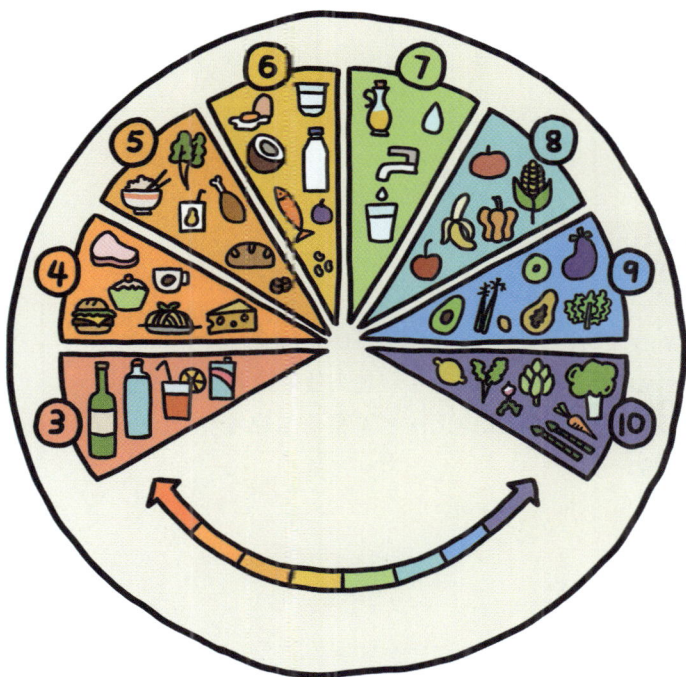

常见食物的酸碱值。食物的酸碱值不会改变身体的酸碱值，进而影响健康。

饮食会影响人体的酸碱度吗?

我们的身体能自我调节并严格控制体液酸碱度,只有在严重的病理条件下才会真正"变酸",某天多吃了一些猪肉,是不会轻易变酸的,因为经过各个器官的层层把关和配合,体液的pH值会保持在恒定范围内。可是我们的肾脏为了将大量的酸性代谢物排出,会马不停蹄地运转,合成更多碱性的氨(NH_3)来中和酸性代谢物,然后从尿液排出。因此长期、大量、单一地摄入酸性食物,会加重肾脏负荷,并且随着年龄的增长,肾脏排泄酸性代谢物的能力会减弱,最终影响酸碱代谢平衡。

正常生理状况下,人体有着严格的调控机制,血液的pH值都会被严格限定在7.35~7.45。短期内的饮食不可能改变正常人体血液的酸碱度。目前的研究不认为体液偏酸与癌症发生相关。

知识点

溶液的酸碱度常用pH值来表示,pH值的范围通常为0~14。健康人的体液必须维持在一定的酸碱度范围内,如果出现异常,则可能是由疾病或其他某种特殊因素引起的。

酸、碱、盐的世界

吃甜补能量，吃酸有啥用？

■ Isa 张雯霏

说起酸味，你可能立刻会想到醋、西红柿、柠檬等一大堆调味剂、果蔬。酸味的食材在我们生活中随处可见，但是真要几顿饭吃不到酸，好像也不是特别难以忍受的事。那么，各种食物中的"酸味"到底是什么，酸存在的意义仅仅是提供一种味道吗？

我们平常吃的酸味食物，主要是溶于水的一些**有机酸**和无机酸。常见的有机酸是分子结构中含有羧基（—COOH）的化合物，在果蔬及其制品中广泛分布，以苹果酸、柠檬酸、酒石酸、琥珀酸和醋酸为主。此外，还有一些无机酸，像盐酸、磷酸等。这些酸味物质，有的是食品中的天然成分，像葡萄中的酒石酸、苹果中的苹果酸；有的是人为添加进去的，像配制饮料中加入的柠檬酸、磷酸，沙拉酱、干酪及其制品中添加的盐酸；还有的是在发酵中产生的，像酸菜、食醋、酸牛奶中的乳酸等。

> 有机酸包括羧酸、磺酸等。一般来说，有机酸的酸性较弱。

酸酸甜甜一大家子，最美味了。

在化学中，"酸"是任何能够在水中解离出氢离子的化合物。酸味是由氢离子与味蕾中的磷脂相互作用，而产生的味感。一些水果（如苹果、橙子、草莓、山楂、酸枣、杏、李子等）和少量蔬菜（如西红柿等），因其中含有大量有机酸，所以在味觉上呈酸性。在相同pH值下，有机酸的酸味一般大于无机酸。这是因为有机酸的酸根负离子在磷脂受体表面的吸附性较强，有利于氢离子与磷脂作用。有趣的是，酸味强弱虽然受到pH值的影响，但味感在嘴巴里停留的时间长短，却并不与pH值成正比，它与**解离**速度有关——解离速度慢的弱酸酸味维持时间长，解离速度快的强酸酸味会很快消失。

水果果实的不同部位、果实的成熟度和储藏条件不同，果实的含酸量也不同。一般来说，近果皮的果肉和尚未成熟的果肉含酸量较高。果实逐渐成熟时，一般总酸含量下降。

解离指的是化合物在溶剂中释放出离子的过程。

乳酸菌能将碳水化合物发酵成乳酸。

当然，也有熟了但是依旧很酸的水果。

像醋、酸奶等发酵乳的酸度和它的发酵温度、发酵菌种添加比例、发酵时间有一定的关系。酸奶的pH值是3~4，当酸奶在不同温度储存时，酸味也会发生变化。放在冰箱中（4~7℃）储存的酸奶储存一周基本上酸度都没什么变化，但如果放在室温（20℃或更高）下贮藏，乳酸菌的数量会由于**乳酸**的过量积聚而减少，酸奶越来越酸，乳酸菌活性越来越低，酸奶的味道也会变差。

虽然科学家尚不能确定酸味在人类进化上产生的作用，但酸这种物质对于人体运行的作用，是科学家们普遍认可的，比如：

1. 促进消化，增加食欲，产生清凉的感觉。

2. 防止腐败，杀灭细菌，预防肠道传染病。

3. 可提高人体对钙、磷和一些药物的吸收率,对维生素C的稳定有保护作用。

很多酸味的食物,除了其中的酸,还有很多有助于我们身体健康的成分,比如:酸奶等发酵乳中除了乳酸、醋酸外,所含的多元醇等成分可以作用于肠神经,调节其功能及肠液的分泌;新鲜苹果中含有原花青素、儿茶素、根皮苷、根皮素、糖苷、咖啡酸及绿原酸;柑橘的化学成分类型广泛,主要为香豆素类、萜类、生物碱类、黄酮类及挥发性油脂类,还含有少量甾体类成分;番茄含有番茄红素、黄酮、多酚、果胶等,其中番茄红素摄入充足还可以降低一些癌症的发病率。

苹果酸($C_4H_6O_5$)结构简式。这种酸最早在苹果汁中分离得到,因而得名。

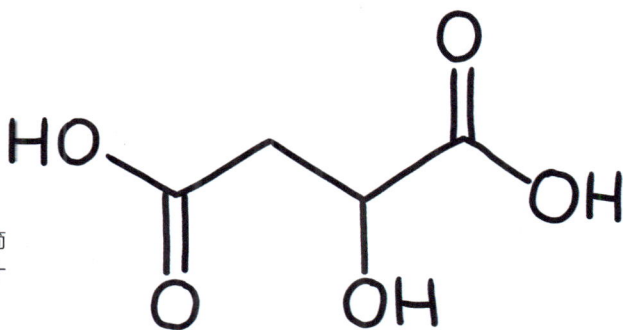

需要提醒大家的是,呈现酸味的食物虽然经常给我们一种"非常健康"的感觉,也让我们感觉清爽可口,但我们也要合理饮食,尤其是对于胃酸分泌过多的人来说,吃太酸的食物可能会让胃部出现不适,最好和其他口味的食物搭配,均衡食用。

知识点

常见的酸

无机酸:盐酸(HCl)、硫酸(H_2SO_4)、硝酸(HNO_3)、碳酸(H_2CO_3)、氢氟酸(HF)、氢硫酸(H_2S)等。

有机酸:乙酸(CH_3COOH)、草酸($C_2H_2O_4$)、柠檬酸($C_6H_8O_7$)等。

洗手液、肥皂、手工皂，哪个好？

■ 小庄

关于清洁这件事，人们早就不靠一块肥皂走天下，洗衣有洗衣粉、洗衣液；洗手有香皂、洗手液；洗澡有沐浴露……不过这些液啊皂啊什么的，其实都属于表面活性剂——一种人类在很久以前就已经发现的奇妙物质。

有证据表明的最早的肥皂雏形出现于公元前2800年的古巴比伦，而最早的配方记载是公元前2200年留下来的，里面出现了水、碱性物质和肉桂油。古罗马时期，高卢人和日耳曼人都掌握了制作工艺，他们会用动物的油脂如牛油和碱性的草木灰（主要成分是碳酸钾）的**皂化反应**来做肥皂。油+碱，这是一个很基本的配方，可以说沿袭至今也没有大的改变，因为它里面已经具备了制造具有去污能力的洗涤用品的要素，也就是提供亲水基团和疏水基团的反应成分。

> 皂化反应通常指碱和酯反应生成醇和羧酸盐。

> 洗手液、肥皂、手工皂，你说哪个好就哪个好！

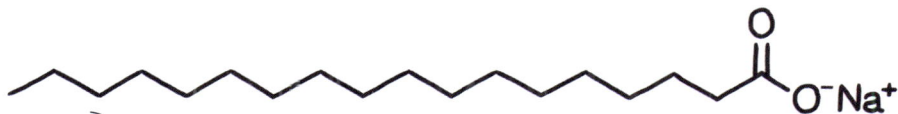

十八酸钠的结构简式。

肥皂为什么能洗掉仅仅凭水很难去除的脏东西呢？结合下图来看：肥皂等表面活性剂的分子可以分为两部分：亲油的脂肪链（淡蓝色的棍）和亲水的负离子（淡蓝色的球），脂肪链伸手抓住了油污，而外面那头却被外面的水给抓住了，一通强拉硬拽的结果就是大家不得不和水一起离开，剩下干净的衣物，或其他我们要清洗的物件。

进入现代社会，透明皂、肥皂粉和液体皂纷纷登场。从固体到粉末和液体，因为分散越来越容易，使用也就越来越方便。尤其到了21世纪，液体皂逐渐成了主流。其实从本质上来说，这些表面活性剂的成分和功用并没什么大的不同，只从形态上有所区别，原因在于所选用的脂肪结构不同。我们平常用的液体皂 即各种洗涤剂，也会有的稀一点，有的稠一点，是因为加入了不同比例的增稠剂以改变流动性和手感。

选择一多，人就喜欢比较，生活中常常会听到消费者对洗涤产品产生各种疑问，想要弄个清楚到底哪种好，比如到底应该用香皂还是洗手液（沐浴液）、手工皂是不是比工业皂健康……事实上，就香皂与洗手液（沐浴液）来说，用哪一样完

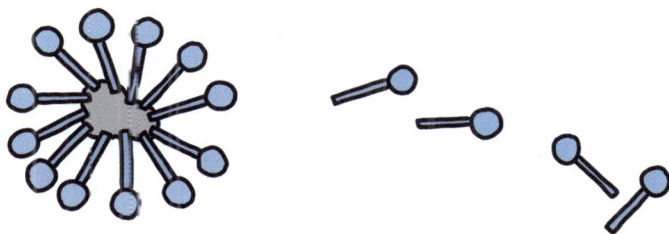

全取决于个人使用习惯，并没有绝对的孰优孰劣。洗手液（沐浴液）中添加的润肤成分可能更利于保护皮肤，但你若是洗完手就记得擦护手霜其实也是一样的，而科学实验也证实，香皂不容易导致细菌滋长，因为它们本身就含有抑菌成分。

至于手工皂与工业皂，那些声称手工皂碱性小所以对皮肤更好的人，其实忽略了一个事实：手工皂制作温度更低、可能残留更多未反应的碱。即便那种以过量油脂投料的"超脂手工皂"，也很难保证里面的碱就一定完全反应了，碱性到底如何还要看检测的结果。此外，强调手工皂里面的天然营养成分实在是毫无必要，且不说它们是否有所谓的营养，皂化反应过程中那些物质可能早就被破坏得差不多了。手工皂的唯一可取之处是不必人为添加芳香剂和着色剂等成分，对于皮肤过于敏感的人来说也许较适合。

不过，做手工皂的确是一件蛮好玩的事情，操作也非常简单，这里提供一个简易制备方法。

此图是使用肥皂的原理解释图，灰色油污被亲油端吸附着，再由亲水端牵入水中，达到洁净效果。

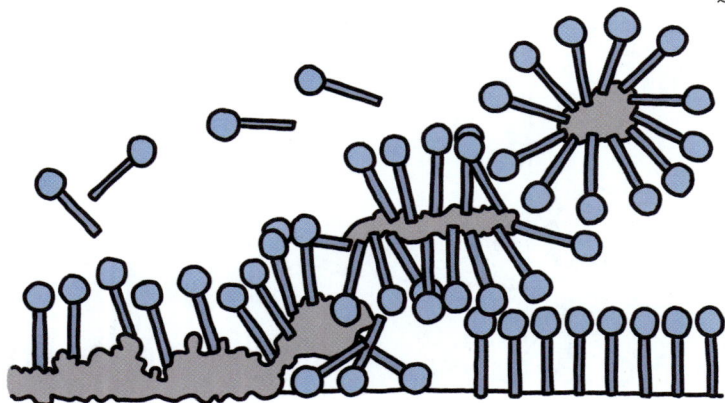

实验：自制肥皂

原理：油脂和氢氧化钠加热水解生成高级脂肪酸钠和甘油，即

$(C_{17}H_{35}CCO)_3C_3H_5+3NaOH \xlongequal{\quad} 3C_{17}H_{35}COONa+C_3H_5(OH)_3$。

器材：可加热容器（如锅）1个；较大耐高温容器1个；小碗1个；搅拌棒1根；可均匀加热的加热设施（如煤气灶）；猪油足量；30%NaOH溶液；95%酒精；饱和食盐水。

步骤：

1. 在加热容器中倒入熔化的油脂8mL和95%的酒精8mL，然后加30%的NaOH溶液4mL，搅拌使其溶解（必要时可加热）；

2. 用小火给容器加热，并不断搅拌，加热过程中应随时补充酒精和水以保持原有体积，可观察到溶液变稠；

3. 注意观察皂化反应是否完全，方法为取出几滴反应液放入盛有纯净水的小碗，有油脂浮出则说明皂化不完全，可在反应锅中滴加碱液继续皂化，直到没有油脂析出为止；

4. 将纯净水20mL慢慢加到皂化完全的反应液中，搅拌使得混合均匀，然后慢慢倒入大容器中，继续搅拌、静置，肥皂就会盐析上浮，用纱布过滤得到固体物质，就是肥皂。

🧠 **知识点**

常见的碱

常见的碱有氢氧化钠（NaOH）、氢氧化钙[Ca(OH)$_2$]，除此之外还有氢氧化钾（KCH）、氨水（NH$_3$·H$_2$O），以及治疗胃酸过多的药物氢氧化铝[Al(OH)$_3$]，还有一些生物碱，如烟碱（尼古丁）等。

大自然玩过的酸碱指示剂

■ 孙亚飞

在化学实验室里，有一类物质很容易吸引人的眼球，那就是会在不同条件下变色的酸碱指示剂。例如石蕊分子在酸性或碱性状态下的结构不同，分别显现红色和蓝色，而在中性的时候，则呈现两种颜色的混合色彩，也就是紫色。

化学家是怎么制作出这么神奇的物质呢？

其实，人类只是发现了石蕊，而它的"发明权"要归功于大自然。石蕊是一种存在于地衣类生物中的天然色素，近代化学之父**玻意耳**发现了它的变色功能之后，便将其提取出来，请到了实验室里。

大自然玩过的酸碱指示剂可不止这一种。

除此之外，玻意耳还提出，在定量定温下，理想气体的体积与气体的压力成反比。这被称作玻意耳定律。

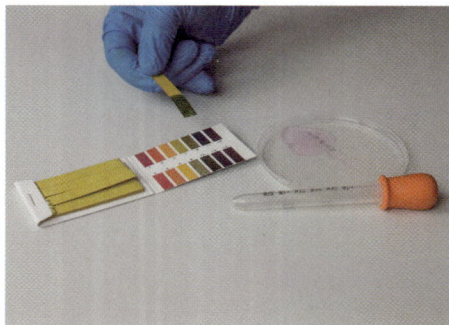

pH试纸。

石蕊地衣。

富含花青素的紫甘蓝。

在细胞内液不同 pH 值条件下，花青素也会使花瓣呈现不同的颜色。

葡萄、蓝莓、紫甘蓝，有着类似的颜色，这是因为它们都含有**花青素**，而花青素具有和石蕊类似的变色特性，在厨房就可以实操一下：炒紫甘蓝的时候，放一点点醋，菜是红色的；加一点碱面儿，结果就是蓝色；什么都不加的话，通常就是紫色了。

那为什么化学家选择了石蕊，而不是更常见的花青素呢？这是因为花青素除了变色的性质外，还有很好的还原性，容易被氧化。也正因如此，许多研究表明花青素可以延缓细胞衰老、抑制癌细胞生长。这些研究大多还停留在体外及动物实验，花青素对人体的作用还没有定论。不过，这些含有花青素的果蔬本身也是美味且富有营养的食物。

不只是植物，就连动物也能指示出酸碱，只不过并非变色那么简单。

在海面以下几千米的地方，暗无天日，这里

的海鱼大都练就了一身寻找酸性海水的本领。酸是海底火山喷发带来的副产物，含硫的灰烬会将周遭的海水染成强酸性。火山附近食物丰沛，找到并适应了酸性海水的动物们得到了丰厚的回报，能在食物紧缺的海底活下去。从某种程度上讲，它们也是"指示剂"。

到了浅海，以碳酸钙为主的珊瑚礁，成了另一种"酸碱指示剂"。当海水处于碱性或中性的时候，珊瑚礁可以稳定地存在，可要是**遇到酸性环境，它们便会溶解乃至消失**。受环境污染的影响，海水酸化正在成为一个全球性的问题，一些地区的珊瑚礁不仅不再生长，反而还在衰退，如果任由这样的生态灾难延续，或许我们就将见证一场海洋生物的大灭绝。

碳酸钙和氢离子反应，会生成钙离子水和二氧化碳。

红土地梯田。

我国南方的红壤,主要种植茶叶、柑橘、甘蔗等农作物。

如果说珊瑚礁是海洋里的酸碱指示剂,提醒我们要保护环境,那么在陆地上,也不乏各种指示剂,让我们对大自然的鬼斧神工感到敬畏。例如,我国南方有大面积的**红土地**,有这样鲜明的红色指示,基本可以确定土壤是酸性的。

原来,土壤之所以呈现红色,是因为其中含有大量的铁元素。铁元素在自然界的风化之下,最终会以三价铁的形式稳定存在。三价铁也会和水发生化学反应,水解出一些氢离子,故而显酸性。在红土上种植作物时,可以施用石灰,降低土壤酸性。

自然界的酸碱指示剂,于时间的沧海桑田中见证了物种的进化、地质的演变,也给我们无穷的科学启示。

	石蕊试液	酚酞试液
酸性溶液	红色	无色
中性溶液	紫色	无色
碱性溶液	蓝色	红色

知识点

酸碱指示剂

遇到酸或碱时能发生特定的颜色变化,这类物质叫作酸碱指示剂,通常也简称指示剂。

酸碱做的黑暗料理，你吃过吗？

■ 小至

在远古时代，人类和其他动物一样茹毛饮血，而自从人类学会用火，就再也没离开过熟食。为什么我们对熟食一见如故？如果没有火，我们还能把食物做熟吗？

烹饪最显而易见的好处，莫过于口感、风味的提升。**加热会使淀粉与纤维素部分水解**、细胞膜破裂，所以烹饪让完全咬不动的根茎类植物、肌肉结缔组织变得柔软，更容易吞咽。

同时，肉类经过加热之后，熔化的脂肪流出组织。某些短链的脂肪酸也会挥发到空气中，给肉增加了许多香味。此外，肉的表层直接与火接触，迅速脱水，形成了酥脆的外壳。肌肉内部的水分

> 淀粉和纤维素的水解产物都是葡萄糖。

迷人的肉香，感受到了吗？

不会完全脱去，受热变软的结缔组织配合上熔化的脂肪，使被炙烤过的肉内部呈现出鲜嫩的口感。烤过的肉提供给了人类非常不错的味觉享受。

由于烹饪让食物容易咀嚼、可食用的部位变多，人类对食物的利用率大幅提升，节省了寻找新食物的时间。这种良性反应使人类加重了对烹饪的依赖。

经过一段时间的摸索，人类发现烹饪还会带来健康层面的益处：杀灭细菌、促进营养的吸收。

远古人类在吃熟食之后很快就发现，自己拉肚子的概率好像变低了。当然那时的他们不会知道这是因为高温使食物中的细菌**蛋白质变性**失活，食物变得更加安全。另外，蛋白质在经过加热之后，次级键很容易被破坏，从而使它们容易被人体内的消化酶水解。食物中一些阻碍吸收的物质也会被破坏掉（比如大豆中影响消化的抗胰蛋白酶）。所以，熟的食物相较于生食来说，也更容易被消化吸收。

加热可以使蛋白质变性，从而把食物做熟。那万一你家断电又没火，还有办法吃上熟食吗？（不是叫外卖！）

除了加热，酸碱也可以让蛋白质变性。秘鲁有一道名菜叫作ceviche（酸橙汁腌鱼），就是利用橙子或者青柠这些本身pH值极低的具有强烈酸味的食物来给鱼肉杀菌，同时破坏鱼肉原有的蛋白质结构，让其失去原有的半透明颜色，变成像煮过之后的

蛋白质的空间结构一般由氢键和次级键维持。
蛋白质变性一般指它的空间结构被破坏。

113

紧实的纯白色。这种特殊的烹饪方式叫作"**酸熟**"。它不但赋予了鱼肉清新的水果香味、适度的酸味，还最大程度地让鱼肉中的营养保持完整。

至于碱熟的食物，有个更亲切的例子，说不定你最近还吃过。它和秘鲁的酸橙汁腌鱼比起来，颜值十分堪忧，却没影响我国群众对它的喜爱。其制作过程涉及生石灰、纯碱、草木灰等物质，原理同样是破坏蛋白质的原有结构，只不过这次用的是碱性物质。也正因如此，加酸调节pH后食用（通常用蘸醋的方式），风味更佳。说了这么多，你猜到它是谁了吗？

食物由生到熟的过程看似简单，其实也包含着众多的化学变化和人类长时间的探索。我们的文化越是精彩，烹饪的故事越是充满无限可能。

> 强酸、强碱条件也会使蛋白质变性。在很多国家，酸熟常用来烹饪鱼类。

被评为"最恶心的食物"，皮蛋真心不服。

知识点

人体重要的营养物质如下图所示。

六大基本营养素

蛋白质　糖类　脂肪　维生素　无机盐　水

餐桌上的盐都是从哪来的？

■ 猛犸

食盐——氯化钠，是人类发现的第一种调味料，也是人类发现的第一种食物防腐剂，在餐桌上的出场率几乎是100%，甚至像面包、蜜饯等吃起来并不咸的食物中也含有盐。我国食盐的年产量在千万吨左右（不包括工业用盐），这么多的盐从哪里来？

你一定想到了"大海"。不过，这可不是唯一的答案。

氯化钠在**地壳**中的存量不少。土壤中的盐分被水冲刷，从河流入海，海水不断蒸发，盐分就变得越来越高，取自海水的盐即海盐。有一些湖泊的湖水大量蒸发（或本身就是海洋的

> 地壳是地球固体圈层的最外层，是岩石圈的重要组成部分。

海盐。

一部分，因为地质变化成了湖），盐的浓度越来越高，就成了盐湖，可以开采湖盐（也称也盐）。盐湖里凝结出的大量食盐晶体，可能随着地壳运动被埋进地下，其中的盐就成了岩盐。若是有地下水流经岩盐，会溶解岩盐而变成盐水。开凿竖井从地

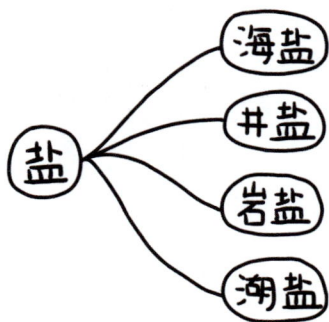

下取出盐水来，再加以熬制，就成了井盐。

在我国，井盐开采已经有至少2000年的历史了。在宋代，人们开发了深井技术，井口很小但井极深，让掘井的成本降低了许多。苏轼在《东坡志林》中有明确记载，碗口大小的井口，可深入数十丈（1丈约为3米）。到了1835年，自贡燊（shēn）海井突破到1001.42米，成为世界第一口人工开凿的超千米的深井。

从盐水井里取出盐水后，就可以熬盐了。这个过程并不是把水煮干那么简单。从地底开采出来的盐水——叫作**盐卤**——往往是复杂的溶液，其中除了氯化钠之外，还有其他多种化合物。若是直接把水熬干的话，得到的盐往往会发苦，甚至还可能会对人体有害。

所以，在熬制井盐的时候，还需要一些其他工艺才行。首先，把盐卤放在锅里烧开，等水面出现盐花，就说明盐卤已经成了盐的饱和溶液了。这时要往锅里倒一些豆浆，来凝聚溶液中的钙、镁、铁等硫酸盐杂质，再用筛子将这些漂浮起来的杂质撇出来。这个过程要重复两三次，直到锅里的盐溶液清澈见底。

盐卤除了氯化钠外还包含氯化镁、硫酸钙、氯化钙等物质。

酸、碱、盐的世界

然后，在锅里放进一些盐的晶体，来帮助盐结晶。在捞出盐的结晶之后，还要用饱和的热盐溶液冲洗结晶出来的盐粒，氯化钠并不会被溶解、冲走，而溶解度更大的镁盐杂质却会被冲下去。这样，才能得到相对纯净的氯化钠。

　　制造海盐的方法和井盐不大一样。人们在熬制海盐的时候，往往先把海水引入预先挖好的池塘中，这些池塘叫作"盐田"。然后，就让盐田里的海水在日光照射下逐步浓缩就好。当海水浓缩到了饱和溶液的阶段，再把它们引进结晶池里，让它们自然结晶。这样得到的海盐，就叫"日晒盐"。结晶完毕得到的只是粗盐，可供工业使用，如果要来到餐桌，也需要走一遭与井盐相同的除杂过程。

自贡井盐。

千年古盐田。

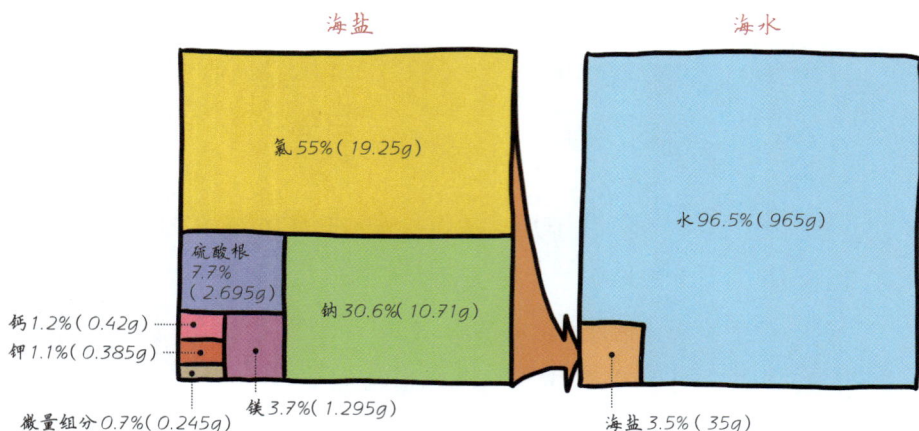

海盐　海水

氯55%（19.25g）

硫酸根
7.7%
（2.695g）

钠30.6%（10.71g）

钙1.2%（0.42g）
钾1.1%（0.385g）

水96.5%（965g）

微量组分0.7%（0.245g）　镁3.7%（1.295g）

海盐3.5%（35g）

　　总而言之,熬制盐的过程就是让氯化钠溶液中的氯化钠结晶的过程。我们需要逐渐增加氯化钠溶液的浓度,当溶液经过了饱和阶段之后,就会析出氯化钠晶体了。无论是生火熬制还是用日晒蒸发,目的都是让氯化钠溶液的浓度逐渐升高。

　　按照我国标准,纯度97%以上的氯化钠才可以当成食用盐来出售。有些味觉灵敏的人可以尝出井盐、岩盐、海盐的区别,这就是因为剩下3%的杂质成分带来不同的风味。

知识点

常见的盐：氯化钠

氯化钠在自然界分布很广,除海水里含有大量氯化钠外,盐湖、盐井和盐矿也是氯化钠的来源。

酸、碱、盐的世界

当天才化学家举起了"屠刀"

■ 孙亚飞

多年以后,爱因斯坦常会想起和好友哈伯一起谈论科学家的国籍的那个下午。

弗里茨·哈伯是活跃于20世纪初的德国犹太裔化学家,但这远远称不上是对他的定义。他荣膺诺贝尔奖,却声名狼藉;他的发明养活无数人,却也造成了大量的伤亡;他是一名狂热的爱国者,最终却黯然离开故土,客死他乡。

故事还要从1903年的一个化学实验说起。在这一年,哈伯将氮气和氢气混合,在高温高压条件下得到了氨气,也就是如今著名的合成氨反应。尽管此次反应的产率很低,条件也不成熟,却是人类历史上第一次以氮气为原料生产出了含氮的化合物。

这个反应,让哈伯荣获1918年诺贝尔化学奖,也开启了他的悲剧人生。

$$N_2 + 3H_2 \xrightarrow[\text{催化剂}]{\text{高温、高压}} 2NH_3$$

其实早在哈伯合成氨气前数10年,就已经有很多人在尝试人工获取氮元素了。氮是构成生物蛋白质与核酸的关键元素,但自然界却给生物圈开了个大玩笑——空气中氮气的比例高达78%,可是氮气性质极其稳定,难以发生化学反应形成便于吸收的物质。

在哈伯找到合成氨的秘诀以前,整个生物圈的氮元素大部分是依靠**豆科植物**的"恩赐",因为只有附着在它们根部的根瘤菌有这个能耐将顽强的氮气分子一撕两半,再经过生物间的"交易"及各类生化反应,转化为自身所需要的物质。至于那些连豆科植物都不长的贫瘠之地,恐怕只能依靠闪电时产生的氮氧化物了。

豆科植物根部的根瘤菌是一种固氮细菌,它和豆科植物相互依存。

人工合成氨技术改变了这样的尴尬境地,植物可以在化肥的滋补之下,贪婪地吸收这些不再金贵的氮元素,粮食产量迅速提高。1914年,全世界的人口不足20亿人,但到了20世纪末时,世界人口已经突破了60亿人,并且如今还在持续增长,这背后,氮肥等化学肥料功不可没。

那时,哈伯可谓是一个完美的天使,就像他一手创造的合成氨技术一样。然而,第一次世界大战却带着他和他的作品一起滑向了深渊。

豆科植物根部的根瘤。

合成氨技术的发展除了让化肥变成了可能,也让炸药的生产成本大幅降低。从古代的黑火药(硫黄+硝石+木炭),到近现代的硝化甘油、苦味酸(2,4,6-三硝基苯酚)、TNT(2,4,6-三硝基甲苯),氮元素一直是其中不可或缺的成员。

自然界中的硝石储量有限，德国更是受到资源封锁，并没有多少人相信德国的炸药足够维持大规模战争。然而就在第一次世界大战前夕，德国已经有能力每天生产上百吨的氨气，并源源不断地转化为军用弹药。本该让更多人生存的技术，摇身一变成了杀人不眨眼的恶魔。

同他的杰作一样，哈伯本人也展现了魔鬼的一面。

哈伯坚信科学家在战争时应该为祖国去战斗。他不仅监督了合成氨的生产，更亲自奔赴前线，亮出了化学家手中最为恶毒的"兵刃"——化学武器。他用氯气袭击了对面战壕里的敌人，由此开启了第一次世界大战的生化武器大战，无数士兵遭受残害，很多人落下了终身残疾，生不如死。哈伯也因此背上了一个并不光彩的名号——"化学战之父"。

哈伯的妻子克拉拉也是一位化学家，在劝说他无果之后，饮弹自尽，而哈伯在第二天就再赴前线。德国战败后，哈伯又数年如一日地研究从海洋中提取黄金的技术，希望帮助德国偿付巨额的战争赔款。

那时的哈伯或许不会想到，他所钟爱的祖国，在十几年后却抛弃了他。1933年，纳粹在德国上台，犹太科学家几乎被尽数驱逐。哈伯凭借过往的功绩得到"豁免"，并尽力帮助被驱逐的同事找到安身之所。也许是出于对同胞的共情、对纳粹暴行的憎恨，也许是预感到在更加险恶的未来无法独善其身，哈伯最终递上辞呈，离开了曾经深爱的祖国。经历了背叛与流离失所之后，绝望的哈伯因心脏病发作在瑞士逝世。哈伯的长子遵照遗命，将父母合葬在瑞士巴塞尔的一处公墓。

氯气具有强烈的刺激性气味，可以刺激人体呼吸道黏膜，轻则引起胸部灼热、疼痛和咳嗽，严重则可导致死亡。

爱因斯坦是哈伯最亲密的朋友之一，就连爱因斯坦第一次离婚前，妻子米列娃·玛丽克都会找哈伯商议。同是德国犹太人，同是名震世界乃至改变世界的大科学家，两人却有着截然不同的政治理想。爱因斯坦秉承和平主义，厌恶别人称他为"原子弹之父"，而哈伯却是一名极端的爱国主义者。也许在哈伯离世之时，爱因斯坦的心情是最无奈的。

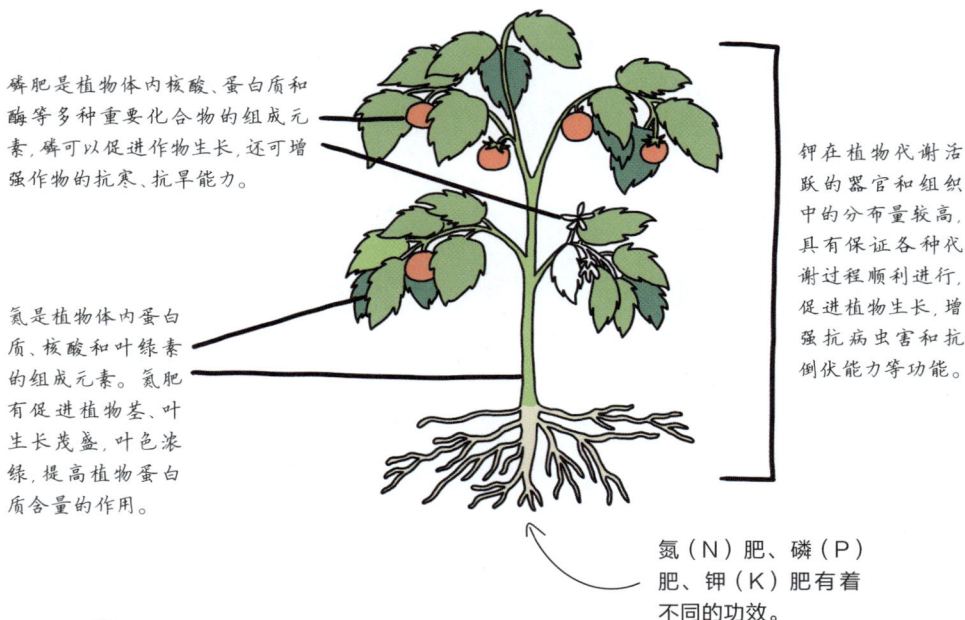

磷肥是植物体内核酸、蛋白质和酶等多种重要化合物的组成元素，磷可以促进作物生长，还可增强作物的抗寒、抗旱能力。

钾在植物代谢活跃的器官和组织中的分布量较高，具有保证各种代谢过程顺利进行，促进植物生长，增强抗病虫害和抗倒伏能力等功能。

氮是植物体内蛋白质、核酸和叶绿素的组成元素。氮肥有促进植物茎、叶生长茂盛，叶色浓绿，提高植物蛋白质含量的作用。

氮（N）肥、磷（P）肥、钾（K）肥有着不同的功效。

知识点

空气中氮气约占78%，氧气约占21%。
氮肥、磷肥、钾肥是最主要的化学肥料。化肥对提高农作物的产量具有重要作用。

盐超标，低钠盐会是救星吗？

■ 王政

　　我们日常食用的盐，主要成分是氯化钠。氯化钠作为食物添加剂，不但使食物的味道更鲜美，还是人体中维持渗透压平衡的重要电解质，具有重要的生理功能。但是近年来，"低钠盐"也逐渐受到欢迎。同样是盐，它如何做到"低钠"？食用低钠盐是更健康的选择吗？

　　低钠盐与普通食盐提供的咸味并没有太大差别，不过低钠盐以加碘盐或无碘盐为基础，添加了氯化钾（有的还加了少量氯化镁），按国家标准，氯化钾含量为20%~35%，氯化钠仍占大多数，只不过没有普通食盐的比例那么高而已。

　　低钠盐能为我们带来哪些好处呢？

低钠盐最适合老年人和患有高血压的人群长期使用。

营养成分表

项目	每100g	NRV%
能量	0kJ	0%
蛋白质	0g	0%
脂肪	0g	0%
碳水化合物	0g	0%
钠	29989mg	1499%
钾	11937mg	597%
碘	2250.0μg	1500%

某品牌精制低钠盐营养成分表，NRV为营养素参考值，以钠为例，如果每天食用该盐100g，则钠摄入量约为建议值的15倍。

第一，预防高血压，保护心脏。人们适量食用低钠盐，不但可以轻松减少大约30％钠的摄入，还可以帮助膳食中的钠、钾和镁元素达到更好的平衡。饮食中钠摄入量与钠钾比例是影响人们血压水平的重要因素。日常饮食中增加富钾食物，降低烹饪中的食盐用量，有助于控制血压，预防高血压、中风等。低钠盐具有低钠补钾的特点，比普通食盐更适合高血压、心脏病患者食用。

第二，均衡营养。国人的钠和磷的摄入量普遍偏高，而钾和镁则过低。比如，精白米和精白粉，钾含量只有全麦粉和糙米的1/3左右，可乐含有大量磷，薯条、饼干又额外添加了钠。可以说，日常烹饪改用低钠盐是获得钾和镁最便捷、最经济的方式。

一般人可以经常轮流选用低钠盐和其他种类食盐，长期坚持下去，对人体的**微量元素**会有很好的补充而不会过量，还有利于身体健康。中老年人、高血压患者应优先选用低钠盐。

然而，患肾病的人群应慎用低钠盐，尤其是排尿功能出现障碍的患者应该低钠饮食，但不可用低钠盐，因为低钠盐是以钾取代钠，如果钾不能有效排出体外，堆积在体内会造成高血钾，容易导致心律不齐、心力衰竭。另外，有高钾血症人群及工作中出汗较多的人，如重体力劳动者、高温作业者，要慎用低钠盐。

无论是低钠盐还是精盐，都应该少吃，降低用盐量是首要原则。中国营养学会建议健康成年人一天食盐（包括酱油和其他食物中的食盐量）的摄入量不超过6g。而世界卫生组织和美国心脏协会建议的盐的摄入标准更严格，分别是每天不超过5g和3.75g。

高热量的快餐，
钠含量往往也相
对较高。

控盐最关键的是要学会看食物中的钠含量,包装袋后面的营养成分表就有标注。通常标注如下:

20mL酱油中约含3g食盐;

15g豆瓣酱约含1.5g食盐;

10g蛋黄酱约含1.5g食盐;

5g鸡精约含2g食盐;

100g香肠约含6g食盐;

1块手掌大小的面包(200g),约含0.5g盐;

······

我国居民的食盐摄入量普遍超标,尽管多年来对居民进行减盐的宣传教育从未间断,并发放盐勺和开展减盐试点,但是每日人均盐摄入量仍高达10.5g,而钾摄入量则不足。土豆、香蕉、鳄梨、杏仁、花生、柑橘、绿叶蔬菜、奶制品等食物中都含有丰富的钾。在饮食中增加富钾食物,降低烹饪中的食盐用量,对控制血压,预防高血压、中风等都是有利的。

知识点

常见的盐:氯化钠、氯化钾

人体含钠80~120g,其中一半以钠离子形式存在于细胞外液,人体中的钾主要以钾离子形式存在于细胞内液,两者各自保持一定的浓度,对于维持人体内水分与电解质平衡及体液的酸碱度平衡起重要作用。

都说要补钙，到底怎么补？

■ 谢 nini

人活着的每一天，**骨骼系统**都在不断地变化，其中必不可少的钙元素是维持骨骼健康的重要元素。钙元素量多活重，自然也就不难理解为什么从婴儿到老年，从奶粉到保健品，"补钙"的呼声无处不在，此起彼伏。

到底要吃多少钙才够呢？正常成人每日推荐的钙摄入量是800mg，长身体的青少年、孕妇和老年人都需要摄入更多的钙（1000~1200mg）。

骨骼组织由活细胞和矿物质（主要是钙和磷）组成。

体液中的钙有三种形式，即离子钙、有机酸复合的扩散性钙复合物和蛋白质结合钙。

属性傲娇的钙不是说补就能补的。和钠、钾、氯等元素不同，钙不能在胃肠道被完全吸收。胃肠道吸收钙需要活化的维生素D的辅助，而且钙会在肠道中形成草酸钙（CaC_2O_4）等难溶、难吸收的物质。哪怕有充足的维生素D，也只能辅助人体吸收10%~20%的钙，能成功用在完善骨骼装备上的就更少了。

吸收这么少，那就走量呗，然而钙也不是越多越好，每个人每天**摄入钙的总量**不应该超过2000mg，不然会给人体带来不必要的负担。而且如果一次补充了超过500mg的钙，也不能完全吸收，必须少量多次才能最大限度地吸收。

成人体内约含钙1.2kg，其中99%存在于骨骼和牙齿中。

以最常见的碳酸钙（$CaCO_3$）——钙片为例，因为碳酸钙含有40%的钙元素，所以1250mg的钙片里就有500mg的钙元素。如果完全不吃含钙的食品，每天也就最多能吃4片钙片，而且得一片一片分开吃。虽然便宜、方便，但是碳酸钙的吸收需要胃酸的参与，需要随餐服用，而且口感一般，容易便秘。**只有在饮食中不能获得足够的钙，担心出现骨质疏松、营养性佝偻病的情况下才需要尝试。**

对于大部分人来说，食补才是重点。富含钙的食物包括牛奶、酸奶、冰激凌等乳制品；卷心菜、西蓝花等绿色蔬菜；还有坚果、面包和谷物麦片等。每240mL的牛奶（一份乳制品）

缺钙还可能导致胰岛素分泌减少和糖尿病的发生。

高钙食物一览。

在成人的骨骼内，成骨细胞与破骨细胞仍然活跃，钙的沉积与溶解一直在不断进行。成人每日有700mg的钙在骨骼中进出，随年龄的增加沉淀逐渐减慢，到了老年，钙的溶出占优势，因而常有骨质疏松现象发生。

含300mg的膳食钙，每100g的冰激凌大约含100mg的膳食钙，每100g的绿色蔬菜或者坚果含50~80mg的钙。其中又以牛奶中的钙吸收率最高，因为牛奶中1/3的钙是游离钙，可以直接被人体吸收，而且牛奶中钙和磷的比例为1.3∶1，有利于钙磷稳态的调节，**让钙沉积到骨骼上**。

以补钙界的硬通货牛奶来说，长身体的青少年只要每天多喝一袋牛奶就可以满足对钙的需求。对大部分人来说，每天正常饮食之外，喝几杯牛奶，多吃些绿叶蔬菜，就可以满足每天的钙需求啦。当然，为了获取充足的维生素D来辅助钙吸收，每天还要记得多晒会儿太阳。

知识点

钙元素约占人体质量的1.4%，是继碳、氢、氧、氮之后含量最高的元素，也是人体内含量第一的金属元素。人体内99%的钙存在于骨骼和牙齿之中，主要以羟基磷酸钙 [$Ca_{10}(PO_4)_6(OH)_2$] 的形式存在，构成了支撑人体的坚实骨架结构。

亚硝酸盐有毒,为什么还要吃?

■ 小至

在新闻中,我们经常能看到有关"亚硝酸盐中毒"的报道,亚硝酸盐"有毒"的概念可谓深入人心。不过,我们在观察火腿、腊肉等加工食品的配料表时,又常常能看到亚硝酸盐名列其中。那么,亚硝酸盐到底有没有毒,为什么它能够公然出现在食品中呢?

亚硝酸盐的"毒性"

亚硝酸盐从某种程度上来说算是一种"毒物"。因为亚硝酸不稳定,很容易被氧化或被还原,当人体摄入过量的亚硝酸盐时,亚硝酸会将血红蛋白中的二价铁离子氧化成三价铁离子,从

> 正常状态下,在氧含量高的时候,二价铁与氧气结合;在氧含量低的地方,氧气又会与二价铁分离。

食品配料表中的亚硝酸盐并不少见。

如果将添加亚硝酸盐（左）、无添加（中）、添加色素（右）的加工肉对比，你就知道商家会怎么选了。

而使血红蛋白变形，失去携带氧的能力。患者会感受到缺氧，胸闷气短，严重的会出现呼吸衰竭引起休克甚至威胁到生命。一般0.3~0.5g的亚硝酸盐摄入就可以让人体产生中毒反应，超过3g就有可能致死。

即使摄入的亚硝酸盐分量不构成急性毒性，长期大量摄入含亚硝酸盐的食物可能会有致癌性。因为亚硝酸盐在酸性环境中可以转化为亚硝胺。而亚硝胺本身还是一种强致癌物，和胃癌等消化道疾病息息相关。

加工肉中的亚硝酸盐

腊肉、腊肠、火腿等加工肉类的确含有一定的亚硝酸盐。肉本身含有的亚硝酸盐水平是非常低的，但是加工肉需要额外添加亚硝酸盐充当发色剂与防腐剂，最常见的就是亚硝酸钠（$NaNO_2$），也有少量使用亚硝酸钾（KNO_2）的例子。

发色剂顾名思义就是能让食物保持色泽鲜艳的食品添

加剂。当新鲜的肉类和空气接触时，肌肉组织中的**肌红蛋白**容易被空气中的氧气氧化成褐色。但如果能稍微添加一些亚硝酸盐，那么肌肉蛋白会和亚硝酸盐反应，变成鲜红色的亚硝基红蛋白。鲜红色的肉显然更容易受到消费者的青睐。

> 肌红蛋白是一种小分子色素蛋白，它可以运输和储存氧气。

正是由于亚硝酸盐特殊的功能，在肉类加工中它无法被完全杜绝，但是它的用量却是有严格规定的。我国的添加剂使用标准中详细规定，肉类罐头中的亚硝酸盐使用量不得超过150mg/kg，经加工之后残留的亚硝酸盐不得超过30mg/kg。如果吃符合国家标准的加工肉类，可能需要一口气吃2kg左右才有可能达到急性中毒的标准。

蔬菜中的亚硝酸盐

蔬菜也是亚硝酸盐的一大来源，和加工肉类不同，**蔬菜中的亚硝酸盐**并不是后期添加的，而是在成长过程中就天然携带的，

> 在新鲜蔬菜中，亚硝酸盐含量极小，但如果蔬菜放置久了，亚硝酸盐含量会升高。

亚硝酸盐含量标准表

种类	亚硝酸盐含量国家标准
肉	<3mg/kg
肉制品	<30mg/kg
蔬菜	<4mg/kg
酱腌菜	<20mg/kg
婴幼儿奶粉	<2mg/kg

泡菜中的亚硝酸盐含量会随着时间先升高，后降低。

这是因为蔬菜在生长过程中需要利用土壤或者肥料中的氮（N）来生成氨基酸。但是在土壤中细菌的作用下，难免有少量的硝酸盐被还原为亚硝酸盐。细菌并不是唯一促成这一转化的物质，植物中本身也天然含有一些还原酶可以完成这一步骤。

蔬菜中的亚硝酸盐含量和生长环境、储存环境、收割方式和蔬菜的种类都有关系。正是由于细菌和还原酶是硝酸转化的关键物质，在某些条件下蔬菜中的细菌活动剧烈或者还原酶被释放，亚硝酸盐含量就会增加。

泡菜就是让蔬菜中的亚硝酸盐增加的途径之一。有的人家里会自己制作泡菜，在泡菜的制作初期，坛子里的氧气容许杂菌生长，细菌的活动会将硝酸盐还原成亚硝酸盐。所以如果是在泡菜泡3天左右就开始吃，很可能会有亚硝酸盐中毒

除了腌制时间以外，食盐的浓度也会影响亚硝酸盐的含量。

的风险。但是随着腌制的时间变久，氧气被消耗殆尽，厌氧性的乳酸菌逐渐占据了上风，已生成的亚硝酸盐会被酸破坏或被还原，含量又会逐步下降。

即使没有泡菜的腌制过程，将菜简单地煮熟后储存，储存过程中滋生的细菌也同样会完成蔬菜中残留的硝酸盐变成亚硝酸盐的过程。所以很多人对"隔夜菜"有一种恐惧心理，认为隔夜菜会致癌。

但事实上，蔬菜中的酶会在加热状态下失活，烹饪前清洗的过程也会带走蔬菜表面的大部分硝酸盐，能增加的亚硝酸盐的含量其实不如想象中的多。有研究人员测试过将白菜煮熟后在常温下放置24小时，发现其亚硝酸盐的含量从0.057mg/kg增加到0.089mg/kg，仍然远小于国家标准4mg/kg。隔夜菜中的亚硝酸盐并不可怕，真正要提防的是微生物滋生、食物变质。

酶有一定的最适温度，温度过高或者过低时，酶都会失活。不同的是，低温下的酶在温度正常后还能够恢复活性。

总之，我们在生活中确实应该提防亚硝酸盐中毒的发生，但急性中毒没那么容易发生，不需要"谈亚硝酸盐色变"，但是也确实应该采取一些手段限制亚硝酸盐的摄入，预防其致癌。

三种隔夜菜中的亚硝酸盐含量

亚硝酸盐含量

	12 小时	24 小时	48 小时	平均值
白菜常温 (mg/kg)	0.057	0.089	0.18	0.11
4℃白菜 (mg/kg)	0.037	0.057	0.057	0.05
胡萝卜常温 (mg/kg)	0.057	0.073	0.1	0.077
4℃胡萝卜 (mg/kg)	0.057	0.057	0.073	0.062
牛肉常温 (mg/kg)	0.089	0.087	0.18	0.12
4℃牛肉 (mg/kg)	0.067	0.089	0.089	0.082

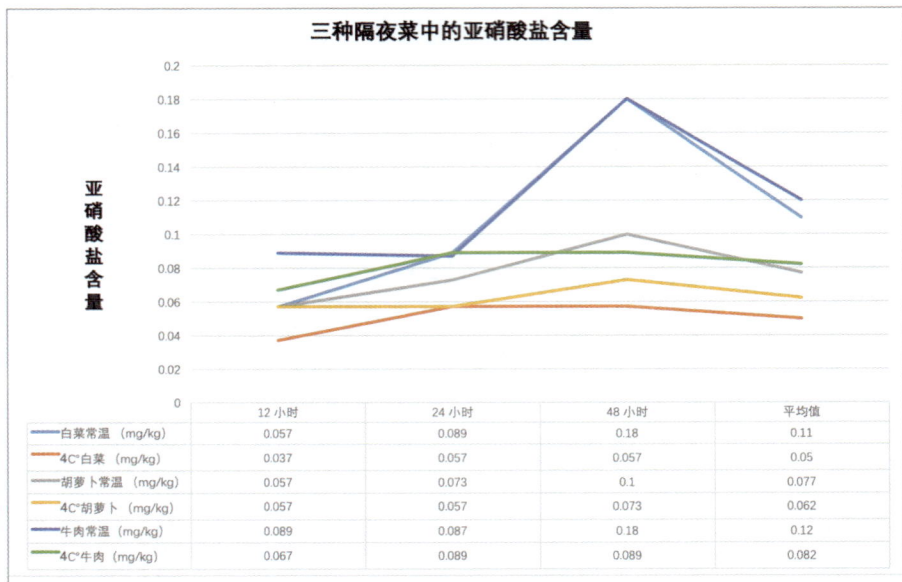

数据来源：吕元楷. 隔夜菜中亚硝酸盐含量的测定及分析 [J]. 食品安全导刊，2017（15）：151-152.

生活中尽量减少亚硝酸盐摄入的方法有很多。比如控制加工肉类的摄入量，尽量选择新鲜的肉类；比如尽量挑选新鲜的蔬菜来食用，随买随吃。由于亚硝酸易溶于水，吃蔬菜之前用水充分地冲洗，或者在正式炒菜之前将蔬菜用沸水焯一遍再将水弃掉，都是不错的、减少蔬菜中亚硝酸盐的办法。

知识点

硝酸钠是一种工业用盐，有毒、有咸味，外形与食盐类似，水溶液呈碱性。

辣条被"下架",还能吃吗?

■ Isa 张雯霏

前一段时间,有一则消息让吃货们心有余悸:有关部门公布,多个品牌的辣条在抽检过程中,发现了违禁使用的两种食品添加剂——防腐剂山梨酸钾和脱氢乙酸。

虽然事后证明,这其实只是地域间食品标准不一所致,并非严重的安全事件,但"**食品添加剂**"这几个字还是吸引了大家的关注。

> 食品添加剂的主要功能是改善食品的风味、外观、贮存性质等。

在我们的生活中,食品添加剂的出现非常频繁。无论是薯片、酸奶还是饼干、饮料,每当你吃下了某一种加工食品,十有八九你也同时吃进了各种各样的食品添加剂。而同样频繁出

现的，还有各种关于食品添加剂的报道。很多人认为，食品添加剂是有害的，是包装食品加工过程中商业化的产物，是商家赚钱的工具，它们对我们的生活不会有什么益处，我们最好追求"无任何添加"的天然食物。这种观点靠谱吗？

食品添加剂，危害在哪里？

在两种情况下，食品添加剂确实是有害的：商家的非法添加和过量使用就是其中的一种，我们之前听说过的苏丹红烤鸡、三聚氰胺奶粉事件都属于这种情况，这些事件往往会造成恶劣的社会影响。

然而，还有另一种情况容易被我们忽略，那就是如果人们长期、大量摄入含有食品添加剂的食品，即使这些添加剂合乎国家食用标准，也可能对身体造成损害。

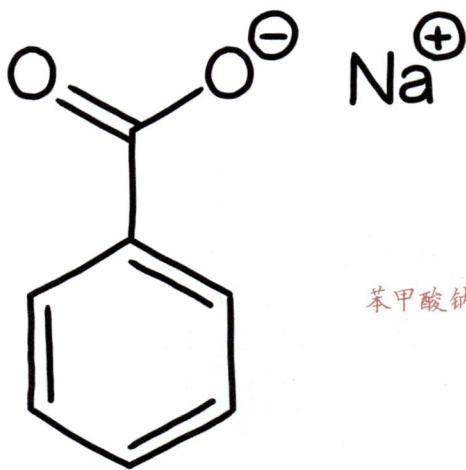

苯甲酸钠

苯甲酸钠在酸性条件下有抑菌作用。

例如，据英国小儿过敏症专家吉姆·史蒂文森发表在《柳叶刀》上的一项研究发现，经常喝含有色素和**苯甲酸钠**的果汁等软包装饮料，可能会让孩子们过于活跃、学习能力下降，甚至产生注意缺陷多动障碍。

生活中的化学

无添加食物，就绝对安全吗？

　　然而，同样需要我们注意的是"无添加食物"并不等同于"安全食物"。作为食品添加剂中的一员，防腐剂可以延长食品的保质期，保障食品安全。在防腐剂出现以前，一些食物本身的天然成分，就能起到防腐的作用——比如蜂蜜（高糖）、盐渍食品（高盐）等，但大多数食物很难做到长期保存，从生产到食用，间隔时间一长，各种细菌、真菌就会趁机而入，污染食物，人们食用后很容易导致食物中毒。

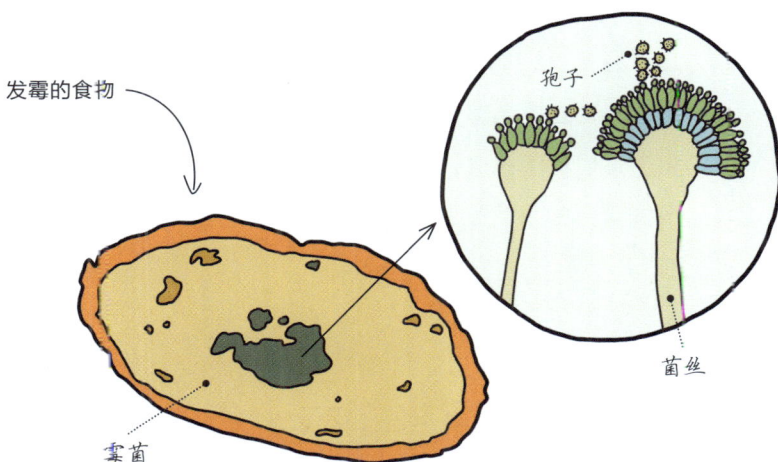

发霉的食物

孢子

菌丝

霉菌

　　在食品工业化普及之后，很多食品需要较长的保质期。从厂家用原料生产，经过各级经销商运到零售商（比如超市）进行销售，到我们作为消费者把这些食物购买回家并开始使用，最终到我们把食物吃完，这一系列过程都需要一定的时间，要想保证这个过程中食品的质量，我们就需要一些防腐剂和抗氧化剂。

　　举个例子，我们每天都要吃的玉米油、橄榄油、花生油等，含有丰富的不饱和脂肪酸，营养价值高，但这些营养成分也非

合理使用食品添加剂，可以
延长食物的保质期。

常容易变质和氧化，一旦变质就会对身体有害。所以，厂家在
制造的过程中会适量添加抗氧化剂、防腐剂，防止那些原本有
利于身体的营养成分腐败变质。只要有油脂的食品，通常都要
用抗氧化剂来防止食物变质和变酸，比如烹调油、糕点、方便
面、薯片等。

食品添加剂其实有大用途

除了稳定食物中的各种成分，保证食物不会变质，食品添
加剂还能作为食品加工的辅料，帮助厂家用相对高效的方法
做出色香味俱全的食物。蓬松的面包、润滑的酸奶、香脆的薯
片、凉爽的饮料，这些都离不开食品添加剂。

乳化剂既可以调节食物的黏度，还可以延缓淀粉的老化，
让面包、蛋糕保持松软。

而另外一些食品添加剂，甚至是对身体有益的——营养

强化剂就是其中的代表。它们强化食物中的营养构成，改善整个人群的营养状况，例如：美国的橙汁中普遍添加钙；中国的食用盐里需要额外添加碘；婴儿辅食米粉中的强化铁可以补充婴儿六个月时普遍出现的缺铁情况；等等。这些强化营养物质，都是根据某一类人群的地域性生活习惯等特征综合考虑，由国家制定标准进行添加的。

食品添加剂无论是在种类上，还是在剂量上的调整，都可能通过食物对消费者产生很大的影响。这也是为什么一个国家乃至全世界都会重视食品添加剂的规范使用，并对其进行严格的监管。

世界各国使用的添加剂都有着相应的规范，我国也在2017年发布了《"正确认识食品添加剂"科学共识》。有些不法商家为了降低成本、牟取暴利，无视法律法规，滥用食品添加剂、非法添加化学品，才会导致食品安全事件发生。而我们作为消费者，只要购买正规厂家生产的合格食品，合理适量食用，均衡饮食结构，就可以放心地享受各种美味了。

知识点

化学使世界变得更加绚丽多彩。

失眠的"元凶"是奶茶？

■ 小至

每天晚上写作业到深夜，早上又要早起，少年们的睡眠时间可以说是很宝贵了。一些同学为了提神，会在晚上喝一杯美味的奶茶。但是你可能没有想到，无意中喝下的一杯奶茶，也会成为危害睡眠乃至身体健康的"凶手"。

事情要从一个看似跟奶茶没关系的物质——**咖啡因**说起。虽然咖啡因以"咖啡"命名，但这仅仅是因为它最初由德国化学家德里希·费迪南·龙格从咖啡豆中成功提取。没过几年，这位化学家从茶叶中也提取出了咖啡因。咖啡豆中的咖啡因含量大约为其质量的1%，而茶叶中的咖啡因含量为其质量的2%~3%。

咖啡因是一种中枢神经兴奋剂，能够暂时地驱逐睡意并让人恢复精力。咖啡因是一种植物生物碱，能在许多植物中找到。人类最常使用的含咖啡因的植物包括咖啡、茶及一些可可。

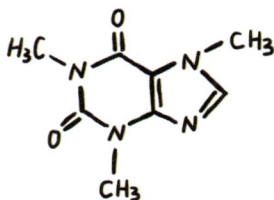

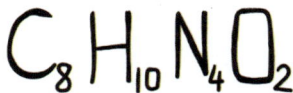

咖啡因

在用茶和咖啡制作饮料的过程中，不同的萃取方式会导致咖啡因浓度产生差异。比如当咖啡粉采用高压和热水快速萃取时，8g左右的咖啡粉可以制成一杯含咖啡因约64mg的意式浓缩咖啡；而将同样的咖啡粉放在漏斗中，用热水缓慢地渗透萃取，可以得到一杯含咖啡因95~163mg的滴滤咖啡。茶也是如此，当茶被使用在奶茶中时，多次、长时间萃取和浓缩，会导致咖啡因含量飙升。

随着咖啡因被广泛地用于加工食品中，它的出现频率之高可能超乎你的想象。

每种食品中的咖啡因含量

50mg

40mg

60mg

20mg

30mg

红牛饮料
约50mg/250mL

可口可乐
约40mg/330mL

咖啡
约60mg/150g

巧克力
约20mg/50g

红茶
约30mg/150g

咖啡因是目前使用最为广泛的精神活性物质之一。很多人依赖咖啡因来提神，但是它并不是让我们真的不困，而是作用于**腺嘌呤**的受体从而阻断我们对困的感知能力。

> 腺嘌呤又叫作维生素 B_4，它也是组成 DNA 和 RNA 分子的 4 种核碱基之一。

在咖啡因的帮助下，我们可以保持比较高的神经兴奋度、警觉性和注意力，提升工作学习能力及运动表现。适当地摄入咖啡因对于普通成年人来说，没有太多的坏处。但是当咖啡因摄入过量时，就有可能带来焦虑、神经紧绷等负面影响。

但是青少年体重更轻，对咖啡因的感知度往往更强，只要摄入200~300mg的咖啡因，也会表现出焦虑、不寻常的情绪波动、食欲下降等现象。咖啡因的摄入也跟青少年的行为问题显著相关，常摄入咖啡因的青少年情绪更容易冲动，也更容易寻找刺激。

保证充足睡眠，上课少打瞌睡。

咖啡因的摄入还会扰乱青少年正常的睡眠规律。中学生正处于脑发育的关键时期，每天推荐8小时的睡眠时长来保证脑发育。美国的一个研究发现，咖啡因会让学生们的睡眠进入一个恶性循环，虽然消除了白天的困倦，但也导致晚上的睡眠时长变短，深睡时间变少，睡着后更容易醒来，不管是睡眠时长还是质量都会大打折扣。

另外，大部分青少年摄入咖啡因的渠道并不是咖啡，而是奶茶或者碳酸饮料，这些饮料中添加大量的糖，还会带来肥胖等健康风险。

综合考虑，对于青少年来说，还是要尽量避免摄入咖啡因，保持身体自然的生长和发育节律最好。

知识点

青少年成长阶段要合理选择饮食，保证充足的睡眠。

水变"奶" 是厨师的基本功

■ 小至

　　水可以变成牛奶一样的白色吗？当然可以，你说不定还喝过不少——像牛奶一样奶白色的骨汤、鱼汤。无色透明的水，在炖汤的过程中发生变化也属正常。不过，能炖出奶白色效果的材料却很有限，而且同样的料有时候炖出来的却是清汤。这是怎么回事呢？

　　汤最终是什么样子，不仅取决于汤里的成分，还取决于这些成分互相存在的形式。蔬菜汤不太可能炖出奶白色的效果，因为汤里溶解的成分主要是食盐等调料，而少量的烹饪用油不溶于水，就直接浮在表面形成一圈圈的油花，汤本身基本保持了无色透明的状态。可以说，蔬菜汤中的无机盐、油脂和水分几乎是互不影响。

蔬菜汤不太可能炖出奶白色的效果。

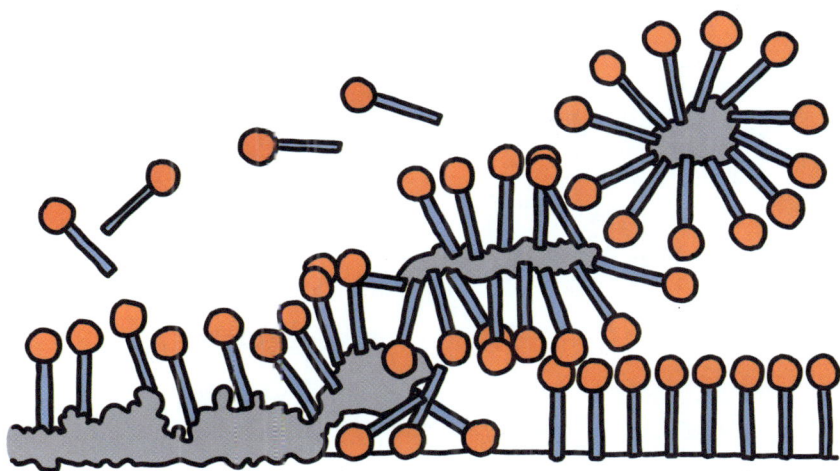

这是洗涤剂去污示意图，肉汤可以炖煮成奶白色也是这个原理。

但是肉汤就不一样了。用肉做汤的时候，汤里溶解的脂肪含量更高，而且肉在长时间的烹饪中，蛋白质会水解生成游离氨基酸进入汤里。一般情况下，水和油互不相溶，但是当氨基酸或可溶性蛋白质存在的时候，它们就可以和谐共处了。

氨基酸或可溶性蛋白质是乳化剂，也叫作表面活性物质。它的分子结构中必然会存在亲水基团，也会存在疏水但是亲油的基团。**根据亲水或亲油的能力，它可能会抓住油脂分子，让油脂均匀分布在水里，或者是抓住水分子，让水均匀分布在油里。我们在烹饪的时候见到的汤大部分是前者。**

之前的文章里提到的蛋黄酱，就应该属于后者了。

除此之外,蛋黄也是一种很典型的乳化剂,我们平常吃的蛋黄酱是一种很典型的水包油型的乳状液。油包水型的乳状液在护肤品中比较多,比如面霜。

当油脂被乳化剂包裹成一个个小球、均匀分布在水中时,射入的光线发生散射,所以我们看到的液体也就不再透明,而是呈现出乳白色,非常像牛奶,我们称这种形态的液体为乳浊液。牛奶是一种天然的乳浊液,因为它含有一定量的乳脂肪与牛奶蛋白。

总之,制作白色浓汤需要满足三个基本的条件:一是有足够多的油脂,二是存在乳化剂,三是用搅拌或者其他方式让

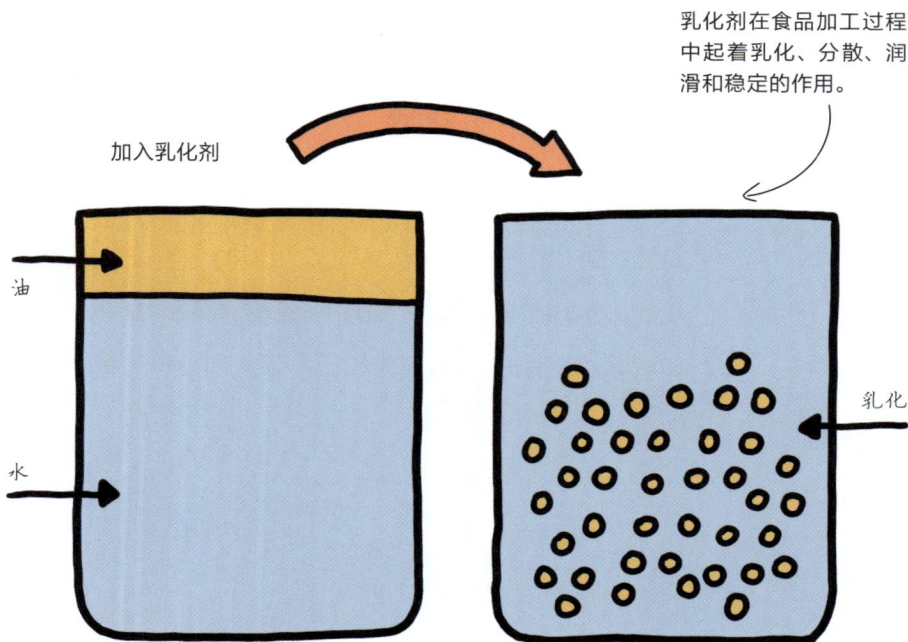

乳化剂在食品加工过程中起着乳化、分散、润滑和稳定的作用。

加入乳化剂

油

水

乳化

炖鱼汤的时候，有可能会炖成清汤，不过，把鱼煎一下，将油脂补足，再加水烹饪，那么汤就会是乳白色的了。

乳化剂、油脂、水混合。很多人在做鱼汤的时候不知道如何煮出乳白色的汤，主要原因可能是他们选用的鱼本身脂肪不够，比如鲫鱼。如果在烹饪的时候先将鱼用油煎一下，将油脂补足，再加水烹饪，那么汤就会是乳白色的了。

而透明的蔬菜汤，缺少的不仅是油脂，还有乳化剂。如果提前将蔬菜和一点肉炒一下，再加入水煮的话，就有可能形成白色的汤。

乳白色的汤味道很好，但是说到底就是一种悬浮了油脂的液体而已。所以如果你喜欢喝的话，适当尝一些就好，喝太多也容易发胖的。

知识点

分散系的分散剂是水或其他液体时，可按照分散质粒子大小分为溶液、胶体、浊液。

149

玻璃瓶装的可乐最好喝?

■ 小至

夏天，许多人喜欢喝冰镇可乐来解暑。选可乐的时候，你觉得哪种包装的最好喝？有种很流行的观点认为：玻璃瓶装的可乐最好喝，易拉罐装的可乐稍微差那么一点点，塑料瓶装的可乐排在最后。这种说法你是否认同？其中有科学道理吗？

在探索这个观点的科学性之前，我们需要先对可乐的"好喝"给出几方面的评判标准。

参考相关标准中对可乐的要求，可乐的口感需要保证酸甜适中，清凉爽口，并且具有"杀口感"。酸甜和清凉都很好理解，"杀口感"则是碳酸饮料带给口腔的特殊的刺激感。液体进入口腔之后受热，气泡从液体中快速脱离带走热量，就形成了杀口感。可乐能产生的气泡越多，杀口感越强烈，我们也就会觉得越好喝了。

同一品牌的可乐，原料配比都是固定的，二氧化碳也不例外，含量上没有多大的区别。但是出厂后的可乐还需要经过运输、储藏、摆上货架，最后被我们购买之后才能喝到嘴里。这个漫长的过程，也给了二氧化碳从包装中逃逸的机会。

这种气体是二氧化碳。

生活中的化学

150

二氧化碳溶于水生成碳酸。

可乐被密封装进罐子之后,液体与瓶中的空气会产生奇妙的动态平衡,不断地有二氧化碳从液体中逸出,**气态的二氧化碳也会持续地溶入液体中**。在这种情况下,如果包装具有一定的透气性,那二氧化碳的确会有从瓶中逃逸的机会。而玻璃瓶、塑料瓶和易拉罐这三种材质在透气性上也的确存在些许差别。

塑料是一种高分子聚合物,分子间的结合一般是依靠**分子间作用力**,并不算紧密。随着温度升高,塑料的透气性还会加强。目前塑料的生产工艺不断在完善,不少添加剂让大分子之间结合得更加紧密,不过在金属和玻璃这两种在隔离气体上有着天然优势的材质面前,还是有点弱。

分子间作用力又称为范德瓦耳斯力,主要分为诱导力、色散力和取向力三种。

易拉罐材质主要是铝合金。铝是一种比较稳定的金属,当铝的厚度>0.015mm时,它就可以完全阻挡空气和水通过,而易拉罐的厚度一般为0.24mm。玻璃的主要成分为二氧化硅,承压能力强,透气性极差,也可以完全隔绝空气。并且,这两者在高温下也比较稳定。**如果塑料瓶装的可乐在运输或者储藏的时候经过了一定的高温,那么你拿到手里的时候,它的二氧化碳浓度可能就不能和同一批的易拉罐可乐相比了。**

高温下,二氧化碳的溶解度降低,更多的二氧化碳逸出。

类别	玻璃	塑料	易拉罐
材质	二氧化硅	高分子塑料（PET 等）	铝合金
厚度 /mm	2~3	0.5~0.7	0.24
传热系数 /（W·m^{-2}·K^{-1}）	0.2~0.7	0.1~0.2	200
容量 /mL	<300	500~600	330

第一轮比拼，塑料瓶首先被淘汰，玻璃瓶与易拉罐打了平手。第二轮比拼要考虑的是把可乐拿出冰柜，开始饮用的过程。这时就要比较各种瓶子的导热性和容量。

由上表可知：

金属材质的传热性能最好，塑料的传热性能最差，玻璃处于中间值；

玻璃瓶的厚度最高，易拉罐的厚度最低，塑料瓶处于中间值；

塑料瓶可乐的容量最大，玻璃瓶可乐的容量最小，易拉罐处于中间值。

这就意味着，同一时间把三种可乐从冰箱里拿出来，玻璃瓶可能会让可乐维持更长时间的低温。

低温对可乐的风味影响非常大，一方面，在低温条件下，二氧化碳会更容易溶于水，杀口感评分更高；另一方面，也有研究显示低温会大幅度降低我们对甜味的感知能力，相较之下我们对酸味的感知能力只会有小幅度的下降，而多数人在喝冷饮时更在乎酸度带来的爽口感，对甜度的要求并不高，所以酸甜平衡这一项的评分可能也会更高。

另外，容量的大小直接影响人喝完一瓶饮料的速度。玻璃瓶、易拉罐容量较小，可以在短时间内喝完。相比之下，虽然塑料瓶隔热能力并不差，但喝600mL的塑料瓶装可乐总会慢一些，喝的过程中二氧化碳散逸出、温度升高，到后面就越来越不爽口了。

所以，"玻璃瓶的可乐最好喝"可能并不是你的错觉。但是玻璃瓶装的可乐弱点也很明显——易破碎、重量大、运输成本较高，因而并没有在市场上占到主要地位。不过只要可乐的二氧化碳浓度高、温度低，那口感就不至于太差。所以，购买时不妨优先选择冷柜中生产日期较近的可乐。饮用时加冰维持低温、加柠檬提高酸度、加薄荷提升清凉感，也是不错的选择。

知识点

有机合成材料

塑料是最常见的有机合成材料，具有密度小、耐腐蚀、易加工等优点。

天生高端材料，科学家难以复制

■ 张文思

　　说到复合材料，我们第一时间想到的可能是航空航天材料，比如火箭、神舟飞船上用的高性能材料。其实，复合材料就在我们的身边，甚至在我们的身体里——骨骼就是一种复合材料。

　　复合材料是由两种或两种以上的材料经过复合工艺而制备的多相材料，各种材料在性能上互相取长补短，产生协同效应。这种协同效应使复合材料的综合性能优于原组成材料，从而满足各种不同的要求。

> 复合材料的基体材料分为金属和非金属两类。金属类有铝、镁、铜等。

坚实的骨骼是摆出各种奇怪姿势的物质基础。

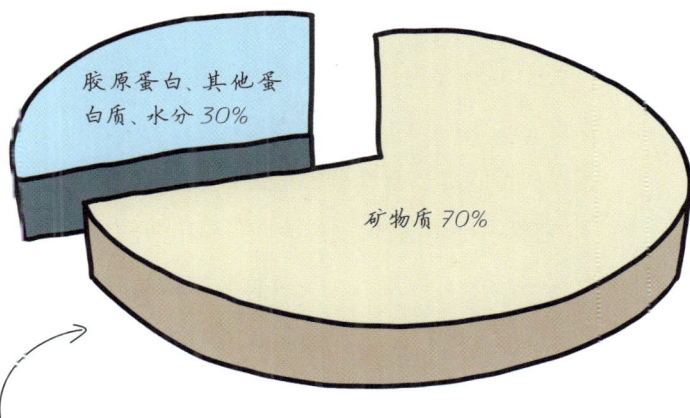

胶原蛋白、其他蛋白质、水分30%

矿物质70%

骨骼的基本组成部分包括矿物质和其他物质。

骨骼支撑着大多数哺乳动物的身体结构,有了骨骼,我们能够承受很大的外力,可以抬起很重的物品;我们的心肺等器官得到了保护,肌肉得到了支撑。骨骼还能够再生,即使发生断裂或破损,也可以吸收周围的钙离子转化成新的骨骼。

我们人体里有206块骨头,不同部位的骨头的硬度、弹性及其他功能都略有不同,以适应不同的需要。骨骼是怎么做到这一点的呢? 这要从它的内部结构说起。

骨头的成分中大约70%是**矿物质**,30%是骨胶原蛋白、糖蛋白、唾液酸蛋白,还有一些水分。这些组分在骨骼中并不是简单地堆积在一起,它们还具有等级分明的结构。

首先,胶原蛋白分子像编麻花辫一样,拧成了一根三股螺旋的纳米纤维。这根纤维很有弹性,表面还有很多能促进骨头生长的物质,骨骼就是从这里生长起来的。

主要的矿物质可能是钙和磷。

155

接着，羟基磷灰石的小晶体在胶原蛋白表面生长。这就是骨头中占据70%的矿物质的主要成分，它的化学式是$Ca_{10}(PO_4)_6(OH)_2$。羟基磷灰石的晶体是我们知道的最小的生物晶体，它是一个小薄片，长度为30~50nm，宽度为20~25nm，厚度为1.5~4nm。矿物质的小圆盘沿着纤维的长轴方向排列，平行地堆积成一串，这就是矿化了的胶原蛋白纤维。

矿化的胶原纤维强度已经比之前大大增强了，它们像稻草一样，在一起排列成一捆。这就好比"一根筷子易折断，一把筷子折不断"，一大束纤维在一起强度已经很高了。

这些纤维束再按照特定的模式排列，就组成了圆柱形的"骨原"。顾名思义，它是骨头的基本单位。骨原呈圆柱形，中间有小孔，这些孔扮演着重要的作用，它们充当神经、血液、细胞的通道。

作为一块骨头，仅有很高的强度，结构上如果是"铁板一块"是不合格的，骨头上还要有很多孔隙，能够让细胞附着，让神经生长，把营养物质输送出去。于是，骨头"想"出了一个办法，它可以同时具有**松质骨**和皮质骨两种结构。松质骨的总体积中有75%~95%是孔隙，就像海绵一样，虽然强度不高，但是孔隙为血管和骨髓提供了空间；皮质骨的孔比较少，只有5%~10%，密度很高，这部分输

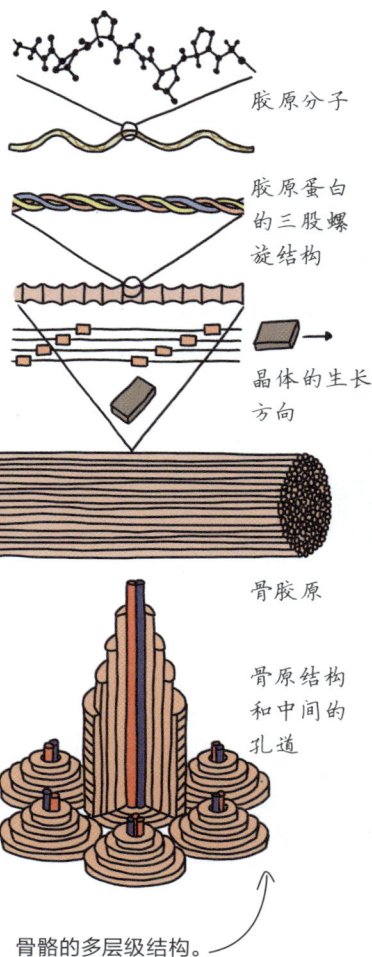

胶原分子

胶原蛋白的三股螺旋结构

晶体的生长方向

骨胶原

骨原结构和中间的孔道

骨骼的多层级结构。

松质骨占人体骨量的20%，但构成80%的骨表面。

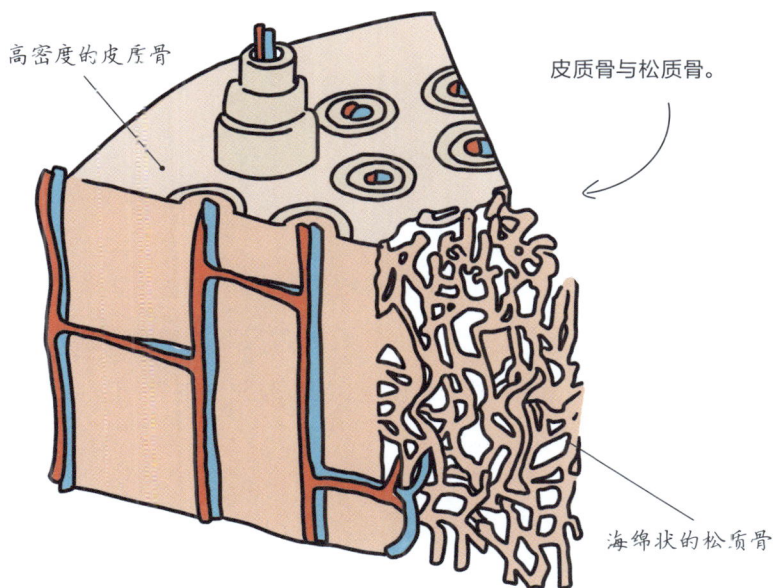

高密度的皮质骨

皮质骨与松质骨。

海绵状的松质骨

送物质没那么多，但是强度很高，起到了支撑的作用。人造的骨骼，需要用皮质骨的强度作为标准，这样才能在强度上和人的骨骼相似。

正是不同功能的组分，以高度有序的方式组织在一起各司其职，骨骼才能撑起我们的肌肉，保护我们的器官，让我们能跑能跳。但这样复杂的结构，让材料科学家们很是头疼——人工合成的材料中，目前还没有能够完全代替骨骼的，

除了荷叶、贝壳，自然界中还有许多复合材料，它们具有各种神奇的性质，给材料科学家们带来了很多启发。

157

强度够用的材料往往有点脆、有弹性的材料可能又不够耐用；力学强度都达到要求了，又可能无法完全和人体相容，有时候会发生排异反应。目前最先进的医用人造关节，也只有20年左右的寿命。

我们可以从大自然中学习的东西还有很多。骨骼结构给材料学家提供了很多灵感，近年来出现了很多新的材料，它们的结构都模仿了自然界中的骨骼结构，目前这些材料可以用在人造关节、义肢，甚至机器人的手臂等领域。

观察你的周围，还有哪些物质是复合材料呢？它的每个组成部分又承担了什么样的功能呢？让你吃不下饭的智齿、海边闪闪发亮的贝壳、出淤泥而不染的荷叶……其实复合材料离我们并不遥远，它们组成了我们，也组成了这个缤纷的世界。

知识点

化学与生活

复合材料是由两种或两种以上的材料经过复合工艺制备而成的多相材料，各种材料在性能上互相取长补短，产生协同效应。